大事な音から順番に身につける

ゼロからスタート 英語発音 ㊙特訓

14日間学習プログラム付

関口　敏行
Sekiguchi Toshiyuki

Jリサーチ出版

はじめに

　私は、読者の皆さんの多くがそうであるように、日本生まれの日本育ちです。産湯に浸かったその瞬間から耳にした言語といえばもちろん日本語だけで、英語との出会いは——これもまた多くのみなさんと同じように——中学1年生の時でした。

　その後、中学3年生で体験したフィリピン旅行をきっかけに、海外や英語に対する興味が大きく膨らんだことから、アメリカンスクール（高等学校）へ進学し、その後はアメリカ留学（大学）も経験しました。そんなことを振り返ると、確かに、英語を学ぶ環境という点では恵まれていました。ですが、だからといって何の苦労もなくラクラクと英語を習得できたのかを言われると、まったくそんなことはありませんでした。

　まず、アメリカンスクールに入学する際にはその条件である3ヵ月の夏期講習による英語学習——週5日、毎日8時間の特訓と宿題責め——をクリアしなくてはなりませんでした。そうやって高校生活はなんとか無事に始まりましたが、ここで新たな問題に直面。どうも私の話す英語はネイティブスピーカーであるクラスメイトたちからすると滑稽だったようで、毎日のようにバカにされたり直されたりするようになりました。その中でも頻繁に指摘されたのが、**英語の発音**についてだったのです。

　15～16歳と言えば多感な時期、正直ショックを受けましたが、ここから、私の「**通じる英語**」とくに「英語の発音」に関する試行錯誤が始まりました。そしてその後のアメリカ留学や同国での仕事・生活…と、歩みを進める中で、英語力をネイティブスピーカーと同じぐらいのレベルまで引き上げる必要性は増す一方でした。そしてついに私は、正しい英語の発音をするための技——称して「日本人にとっての最後の英語発音の秘技」——を編み出しました。それは理論でも、発音学でもなく、文字どおり「**英語発音の力をネイティブと同等レベルまで引き上げるために、実体験から生み出した技とコツ**」です。そしてそれらを詰めこんだ本書を活用し"英語発音の秘技"を確実に身につけることで、皆さんの英語は以前より数段英語らしい輝きを放つはずです。

　それでは早速、"免許皆伝"を目指して発音練習を始めましょう。

　　　　　　　　　　　　　　　　　　　　　　　　関口敏行

CONTENTS

はじめに ……………………………………………………………… 3
本書の利用法 ………………………………………………………… 8

CHAPTER 1 なぜ、英語の音は『難しい』のか？ …… 9

　なぜ、英語の発音は「難しい」のか／
　　日本語の音と英語の音1：母音 ……………………………… 10
　日本語の音と英語の音2：子音 ………………………………… 12
　英語の音は全部完璧にやらなきゃダメ？ …………………… 16
　学習計画を立てよう …………………………………………… 18

CHAPTER 2 最重要子音：「L」の音 …………………… 19

　Lを発音する口の形を作ろう！ ……………………………… 20
　単語の最初と中にくるLの音 ………………………………… 22
　単語の最後にくるLの音 ……………………………………… 26
　●英語の音トレ！　LaLiLuLeLo トレーニング ……………… 28
　●英語の音トレ！　単語でL音トレーニング ………………… 30
　●英語の音トレ！　単語▶文トレーニング …………………… 31

CHAPTER 3 最重要子音：「R」の音 …………………… 33

　単語の最初と中にくるRの音 ………………………………… 34
　●英語の音トレ！　RaRiRuReRo トレーニング ……………… 40
　直前に母音がつくRの音①〜③ ……………………… *42/44/46*
　●英語の音トレ！　単語▶文トレーニング …………………… 48
　●英語の音トレ！　「L」＆「R」合同トレーニング ………… 52

4

もくじ

CHAPTER 4　最重要子音：「TH」の音 ……………… 59
- THの音①　無声音の [θ] …………………… 60
- THの音②　有声音の [ð] …………………… 64
- ●英語の音トレ！　単語▶文トレーニング……………… 68

CHAPTER 5　最重要子音：「F」と「V」の音 ………… 71
- Fの音 [f] ……………………………………… 72
- ●英語の音トレ！　単語▶文トレーニング……………… 76
- Vの音 [v] ……………………………………… 78
- ●英語の音トレ！　単語▶文トレーニング……………… 82
- ●英語の音トレ！　「F」&「V」合同トレーニング……… 84

CHAPTER 6　母音：「ア」のような音 ………………… 87
- 「ア」のような音① [æ] ……………………… 88
- 「ア」のような音② [ʌ] ……………………… 90
- 「ア」のような音③ [ɑ] ……………………… 92
- 「ア」のような音④ [ə] ……………………… 94
- 「ア」のような音⑤ [ɑː][ɑːr] ⑥ [əː] ……… 96
- 「ア」のような音⑦ [ai] ⑧ [au] …………… 98
- ●英語の音トレ！　単語で「アのような音」トレーニング……… 100
- ●英語の音トレ！　単語▶文トレーニング……………… 101

5

CONTENTS

CHAPTER 7 母音：「イ」「ウ」のような音 ……………… 103
　「イ」のような音① [i] ② [iː] …………………………… 104
　「イ」のような音③ [iər] …………………………………… 106
　「ウ」のような音① [u] ② [juː] [uː] ……………………… 108
　「ウ」のような音③ [uər] …………………………………… 110
　●英語の音トレ！　単語で「イ・ウのような音」トレーニング … 112
　●英語の音トレ！　単語▶文トレーニング …………………… 113

CHAPTER 8 母音：「エ」「オ」のような音 ……………… 115
　「エ」のような音① [e] ② [ei] …………………………… 116
　「エ」のような音③ [εər] …………………………………… 118
　「オ」のような音① [ɔː] …………………………………… 120
　「オ」のような音② [ɔːr] …………………………………… 122
　「オ」のような音③ [ɔi] ④ [ou] ………………………… 124
　●英語の音トレ！　単語で「エ・オのような音」トレーニング … 126
　●英語の音トレ！　単語▶文トレーニング …………………… 127

もくじ

CHAPTER 9 子音：有声音 129
- [b] の音 .... 130　　[g] の音 132
- [d] の音 .... 134　　[z] の音 136
- [ʒ] の音 .... 138　　[dʒ] の音 140
- [j] の音 .... 142　　[m] の音 144
- [n] の音 .... 146　　[ŋ] の音 148
- ●英語の音トレ！　単語▶文トレーニング 150

CHAPTER 10 子音：無声音 153
- [p] の音 .... 154　　[k] の音 156
- [t] の音 .... 158　　[s] の音 160
- [ʃ] の音 .... 162　　[tʃ] の音 164
- [w] の音 .... 166　　[h] の音 167
- ●英語の音トレ！　単語▶文トレーニング 168

CHAPTER 11 英語の音トレ！ 総合版 171
- ●英語の音トレ！　会話フレーズでトレーニング 172
- ●英語の音トレ！　早口言葉&ライムでトレーニング 181

本書の利用法

本書は、**英語を話すうえで、日本人にとって大切な英語の音から順に学習することができます。**構成はいたって**シンプル**！ 音単体で発音練習をするパートと、発音練習をふまえて行うトレーニングパートという2段階構成で、**効率的に英語の発音を学べます。**

発音レッスン

それぞれの音について、シンプルで分かりやすい文と口の形を表すイラストで解説してあります。STEP1から順に、CDを使って音を確認しながら**音単体の発音を特訓**できます。

トレーニング

英語の音を確実かつ効率的に身に付けるのに最適な、独自のトレーニングプログラム「**英語の音トレ！**」が随所に設けられています。音単体の発音レッスンに続けて行うと、実践力が身に付きます。

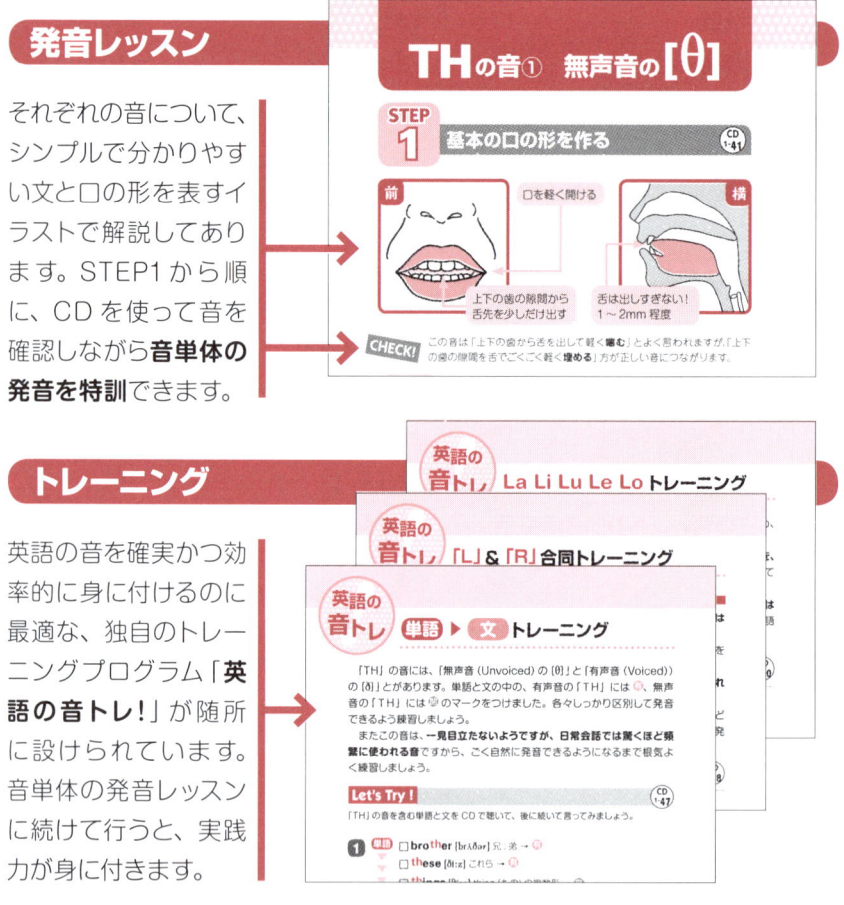

付属CDについて

付属CDには、音単体の発音レッスンを行うための音声と「英語の音トレ！」のお手本音声（英語のみ）が収録されています。どんどん活用して発音特訓してください。

CHAPTER 1
なぜ、英語の音は「難しい」のか？

耳と口を使って具体的にレッスンを開始する前に、「英語の音」について、その重要ポイントをチェック！ CHAPTER 2 以降での学習を、効率的かつ効果的に進めるためにも、一度目を通しておきましょう。

なぜ、英語の発音は「難しい」のか
　／日本語の音と英語の音 1: 母音 ･･････ 10
日本語の音と英語の音 2: 子音 ･･････････ 12
英語の音は全部完璧にやらなきゃダメ？ ･･･ 16
学習計画を立てよう ･･････････････････ 18

なぜ、英語の発音は「難しい」のか？

突然ですが、**日本人の学習者にとって「英語の音」は、決して簡単なものではありません。**

では、なぜ、日本人にとって「英語の音」は難しいのでしょうか？

それにはまず、「**英語の音とはいったい何なのか？**」を知る必要があります。そしてそれは、この後英語の発音について効率的に学習するためにも、前提として頭に入れておいて欲しいことでもあるのです。

日本語の音と英語の音1：母音

◆日本語の母音◆

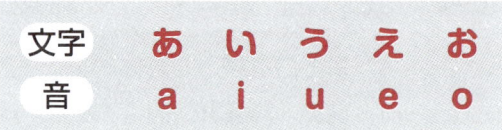

日本語の母音は、文字も音もこの5つのみです。これは、「朝日 (**あ**・さ・ひ)」「笑顔 (**え**・が・**お**)」など単語の中の一音 (文字) になったとしても、変わることはありません。

◆英語の母音◆

日本語と比べて**英語の母音はちょっと複雑**です。

母音の文字は、この5つだけです。これは、並びこそ日本語とは異なりますが、**文字数は日本語と同じ**です。

しかし、発音に関しては、話はそう単純ではありません。右ページで表にまとめましたが、**英語の母音の音は日本語の4倍以上、計22音**もあるのです。

★ CHAPTER 1

★短母音 (Short Vowels)

音 (発音記号)	単語の例	ページ
æ	cat [kǽt], black [blǽk]	→ P88
ʌ	up [ʌ́p], tunnel [tʌ́nl]	→ P90
e	egg [ég], head [héd]	→ P116
i	fish [fíʃ], English [íŋgliʃ]	→ P104
ɑ	clock [klɑ́k], pot [pɑ́t]	→ P92
ə	away [əwéi], support [səpɔ́ːrt]	→ P94
u	bull [búl], good [gúd]	→ P108

★長母音 (Long Vowels)

音 (発音記号)	単語の例	ページ
ɑːr	car [kɑ́ːr], start [stɑ́ːrt]	→ P96
iː	tree [tríː], meat [míːt]	→ P105
əːr	bird [bə́ːrd], girl [gə́ːrl]	→ P97
ɔː	call [kɔ́ːl], walk [wɔ́ːk]	→ P120
ɔːr	horse [hɔ́ːrs], door [dɔ́ːr]	→ P122
juː	useful [júːsfəl], review [rivjúː]	→ P109
uː	boots [búːts], tooth [túːθ]	→ P109

★二重母音 (2-Sound Vowels)

音 (発音記号)	単語の例	ページ
ei	train [tréin], day [déi]	→ P117
ɛər	chair [tʃɛ́ər], bear [bɛ́ər]	→ P118
ai	bike [báik], sky [skái]	→ P98
iər	ear [íər], beer [bíər]	→ P106
ɔi	boy [bɔ́i], oil [ɔ́il]	→ P124
ou	phone [fóun], go [góu]	→ P125
au	owl [ául], cow [káu]	→ P99
uər	tour [túər], poor [púər]	→ P110

日本語の音と英語の音2：子音

◆**日本語の子音**◆

　まずは我々にはおなじみの、日本語の「子音」についてちょっとみてみましょう。

　日本語の子音は、50音に見られる「か行、さ行、た行、な行、は行、ま行、や行、ら行、わ行」のほか、「が行、ざ行、だ行、ば行」の「濁音」や、「ぱ、ぴ、ぷ、ぺ、ぽ」のような「半濁音」、そして「きゃ、きゅ、きょ」やその濁音パターンの「ぎゃ、ぎゅ、ぎょ」といった「拗音」、「もっと(motto)、取って(totte)」といった「促音」など、母音と比べてその数はかなり多いです。

　ですが、発音形態としては、「く」「け」「こ」のように単発（一文字）の音であっても、「支度（**し・た・く**）」「貸し切り（**か・し・き・り**）」のように単語の中の一音（一文字）であっても、**音が変わることはありません。**

　そして、日本語の子音にはもう一つ大きな特徴があります。

　右ページの表のようにローマ字書きに置き換えて見ると分かりやすいのですが、**日本語の「子音」とは「子音の音で始まるが、母音の音で終わる音」**を指しています――いわば子音と母音がくっついて出来た「**子母音**」とでもいいましょうか。

　そう考えると、実は日本語の「子音」とは「母音の音的バリエーション」であり、**日本語には本来は本当の意味での「子音」＝「子音の音のみで用いられる子音」は存在しない**とも言えるでしょう。

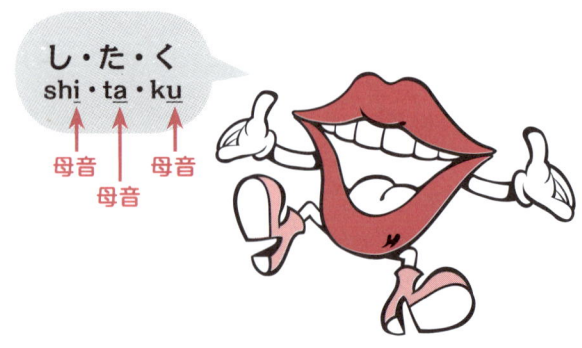

★ CHAPTER 1

★日本語の子音：文字 [音]

か [ka]	き [ki]	く [ku]	け [ke]	こ [ko]
さ [sa]	し [shi]	す [su]	せ [se]	そ [so]
た [ta]	ち [chi]	つ [tsu]	て [te]	と [to]
な [na]	に [ni]	ぬ [nu]	ね [ne]	の [no]
は [ha]	ひ [hi]	ふ [fu]	へ [he]	ほ [ho]
ま [ma]	み [mi]	む [mu]	め [me]	も [mo]
ら [ra]	り [ri]	る [ru]	れ [re]	ろ [ro]
や [ya]	ゆ [yu]	よ [yo]	わ [wa]	ん [n]
が [ga]	ぎ [gi]	ぐ [gu]	げ [ge]	ご [go]
ざ [za]	じ [ji]	ず [zu]	ぜ [ze]	ぞ [zo]
だ [da]	ぢ [ji]	づ [du]	で [de]	ど [do]
ば [ba]	び [bi]	ぶ [bu]	べ [be]	ぼ [bo]
ぱ [pa]	ぴ [pi]	ぷ [pu]	ぺ [pe]	ぽ [po]
きゃ [kya]	きゅ [kyu]	きょ [kyo]		
しゃ [sha]	しゅ [shu]	しょ [sho]		
ちゃ [cha]	ちゅ [chu]	ちょ [cho]		
にゃ [nya]	にゅ [nyu]	にょ [nyo]		
ひゃ [hya]	ひゅ [hyu]	ひょ [hyo]		
みゃ [mya]	みゅ [myu]	みょ [myo]		
りゃ [rya]	りゅ [ryu]	りょ [ryo]		
ぎゃ [gya]	ぎゅ [gyu]	ぎょ [gyo]		
じゃ [ja]	じゅ [ju]	じょ [jo]		
びゃ [bya]	びゅ [byu]	びょ [byo]	ぴゃ [pya] ぴゅ [pyu] ぴょ [pyo]	

※促音
例）もっと [motto]
　　取って [totte]

◆英語の子音◆

日本語に対して英語の子音はちょっとばかり複雑です。
まずは子音を表すアルファベットの文字を見てみましょう。

★英語の子音：アルファベットの文字（文字の名称） CD 1-5

B(bee)	C(see)	D(dee)	F(eff)	G(jee)
H (aitch)	J (jay)	K (kay)	L (ell)	M (em)
N (en)	P (pee)	Q (cue)	R (ar)	S (ess)
T (tee)	V (vee)	W (double-you)	X (ex)	Y (why)
Z (zee)				

　この21文字が、英語の子音を表す文字です。これ自体は、単語や文を書く際に使う文字（の名前）であり、これがイコール**「英語の子音の音」というわけではありません**。実際に単語の中の一音（一文字）として発音される際には、比較的短い破裂音や摩擦音のような音になるのです。

　右ページの表にあるように、英語には、日本語の子音（＝子母音）とは似ても似つかない**「母音の音が一切含まれない、子音の音のみの子音」が計24も存在する**んです。

　つまり、**発音の面から考えると日本語はとても単純**で、発音の元になる音数が非常に少なく、変化も起こりません。

　一方**英語は、文字（アルファベット）の数はAからZまでが26と日本語よりも少ないですが、これに対する音の数は46もあります**（母音22＋子音24）。

　そして**これらの音の多くが日本語にはない音なのです**。つまり、ずっと日本語だけで生活してきた私たちにとって、これらの音は全く馴染みのない音ということになるわけですから、これを**難しく感じるのは当たり前**のことなのです。

★ CHAPTER 1

★単独の子音 (Simple Consonants)

音（発音記号）	単語の例	ページ
b	**b**ed [béd], a**b**out [əbáut]	→ P130
d	**d**og [dɔ́g], fin**d** [fáind]	→ P134
f	**f**ive [fáiv], **ph**oto [fóutou], lau**gh** [lǽf]	→ P72
g	**g**ive [gív], a**g**o [əgóu]	→ P132
h	**h**at [hǽt], **h**ouse [háus]	→ P167
j	**y**es [jés], b**eau**ty [bjúːti], **n**ew [njúː]	→ P142
k	**c**offee [kɔ́ːfi], tal**k** [tɔ́ːk]	→ P156
l	**l**ight [láit], hi**ll** [híl]	→ P20
m	**m**ake [méik], far**m** [fáːrm]	→ P144
n	**n**et [nét], u**n**der [ʌ́ndər]	→ P146
p	**p**ut [pút], hel**p** [hélp]	→ P154
r	**r**ose [róuz], me**rr**y [méri]	→ P34
s	**s**un [sʌ́n], ni**c**e [náis]	→ P160
t	hi**t** [hít], **t**ime [táim]	→ P158
v	**v**ote [vóut], ha**v**e [həv]	→ P78
w	**w**itch [wítʃ], **qu**ick [kwík]	→ P166
z	**z**oo [zúː], bu**s**y [bízi]	→ P136

★複数の子音 (Complex Consonants)

音（発音記号）	単語の例	ページ
θ	**th**ink [θíŋk], bo**th** [bóuθ]	→ P60
ð	**th**at [ðǽt], mo**th**er [mʌ́ðər]	→ P64
ʃ	**sh**op [ʃáp], o**c**ean [óuʃən], sta**ti**on [stéiʃən], ma**ch**ine [məʃíːn]	→ P162
ʒ	lei**s**ure [líːʒər], televi**s**ion [téləvìʒən], gara**g**e [gərɑ́ːʒ]	→ P138
tʃ	**ch**urch [tʃə́ːrtʃ], fu**t**ure [fjúːtʃər]	→ P164
dʒ	**j**udge [dʒʌ́dʒ], **J**apan [dʒəpǽn]	→ P140
ŋ	E**ng**lish [íŋgliʃ], lo**ng** [lɔ́ːŋ]	→ P148

15

英語の音は全部完璧にやらなきゃダメ？

　ここまで読んで、正直、「英語の音って……日本語と違ってて、しかも馴染みがなくて、音と文字の関係も複雑だなんて、いったいどうすればいいのか……」と、途方に暮れた人も少なくないのではないでしょうか。
　しかし、ご安心あれ。
　ちょっと乱暴に聞こえるかもしれませんが、**英語の発音は、「押さえるべき音」さえ押さえれば OK なのです！　46のすべての音に、過剰に神経を配る必要はない**んです！！！
　そもそもどんな言語においても、会話とは、何らかのテーマや流れの元に単語や文節、文章などを使って意思疎通を図るものです。ということはつまりそこには何かのテーマがあり、それをふまえたうえで単語、文節、文章が作られます。そこには必ず一連の「意図」があり、その意図さえくみ取れていれば、たとえ発音上でミスが多少あっても、多くの場合は意思の疎通は可能です。
　また、ネイティブスピーカーと称される人々や、日々英語で生活をしている人の多くは、「リスニング清浄フィルター」とでも呼ぶべきものを持っているのです。このフィルターを通して相手の英語を聴くと、多少の発音ミスは自動的に打ち消され、彼らには彼らが通常慣れ親しんでいる「正しい音」に聞こえてしまうという優れモノなのです。
　つまり、「**私たちが学ぶべき英語の発音**」とは、以下の**2種類**の音ということになります。

> **1：会話において間違って発音することで意思の疎通に支障が出てしまう音**
> **2：「リスニング清浄フィルター」を通しても清浄しきれず、別物だと認識されてしまう音**

　極端な話、これだけでいいんです。そのほかの音は多少おかしくても、多少間違っていても、あまり気にすることはないんです。

★ CHAPTER 1

　現在世界には200余りの国があり、その多くで英語が使われています。アメリカ、イギリス、オーストラリア、ニュージーランドなどのように、「**母国語**」として使っている国もあれば、インドやアフリカ諸国などのように、英語が「**公用語**」である国、はたまた公用語までは行かなくともフィリピンのように「**第二言語**」としている国、そして日本や韓国のように単に「**外国語**」と位置づけている国など、その関わり方はさまざまです。ですから当然、発音もそのお国柄を色濃く反映したものになっていきます。つまり、**世界中の英語を話す人々全員が、完璧な発音をしているわけではないのです。**どころか、**完璧な発音をする人の方が少数派**なのです。

　たとえば WHO (World Health Organization：世界保健機関) や the UN (the United Nations：国際連合) などといった国際機関では、多くの国の人たちが英語を使って意思疎通を図り、仕事をしています。ですが、このような場所でさえ、完璧な発音力を持っている人はごくまれです。

　ではなぜこの人たちの英語は、お互いに問題なく通じるのでしょう？

　それは、**学ぶべき音を学び、それらの発音がちゃんとできているから**にほかなりません。

　発音とは、話す言葉を通じさせるための「道具」です。道具というものは、やたらと数を持つより、**必要最小限のものをいかに正しく使いこなせるかがポイント**ですし、そのほうが効率的です。

　つまり、みなさんの**英語をより英語らしく、より通じるものとするための「道具」＝「発音」を、重要な順に学習することが大切**であり、効率的なのです。

　そしてそれらをマスターする方法についてこれから、実際の体験をもとに、**日本人の視点で、日本人だからこそわかり得る方法で**徹底的に解説していきます。それではさっそく次のCHAPTERに進み、「通じる英語」を話すための道具を手に入れていきましょう！！

学習計画を立てよう！
～14日間の発音猛特訓プラン～

本書は、「相手に正しく通じる英語を話すために必要な音」から順番に、身に付けられるようになっています。重要度の高い音（CHAPTER 2～5）はとくにしっかり身につけられるように、ページを多く使って解説しました。そのため、「1日1UNIT」のように等分割りした学習計画ではなく、**必要な部分にはしっかり時間をかける、「部分集中学習プラン」**がオススメです。

たとえば「14日間（2週間）」と期間を決めた場合の、本書を使った学習プランを提案してみましょう。

	14日間発音猛特訓　部分集中学習プラン
1日目	**CHAPTER 1　なぜ、英語の音は『難しい』のか？** （とくにP16～17はしっかり読もう） **CHAPTER 2　「L」の音**
2日目	CHAPTER 2の復習 **CHAPTER 3　「R」の音**
3日目	CHAPTER 3の復習　（とくに「L」&「R」合同トレーニング） **CHAPTER 4　「TH」の音**
4日目	CHAPTER 4の復習 **CHAPTER 5　「F」と「V」の音**
5日目	CHAPTER 2～5（超重要子音）の復習 （ここまでで学習が不十分だったところや苦手な音をやり直し）
6日目	**CHAPTER 6　母音：「ア」のような音** （[æ]の音の舌の位置はとくにしっかりマスター！）
7日目	**CHAPTER 7　母音：「イ」「ウ」のような音**
8日目	**CHAPTER 8　母音：「エ」「オ」のような音**
9日目	CHAPTER 6～8（母音）の復習　（とくに「ア」のような音を中心に）
10日目	**CHAPTER 9　子音：有声音**
11日目	**CHAPTER 10　子音：無声音**
12日目	CHAPTER 9～10（子音）の復習 （ここまでで学習が不十分だったところや苦手な音をやり直し）
13日目	**CHAPTER 11　英語の音トレ！　総合版** （CHAPTER 11に取り組みつつ、苦手な音は戻ってやり直し）
14日目	**CHAPTER 11　英語の音トレ！　総合版** （CHAPTER 11に取り組みつつ、苦手な音は戻ってやり直し）

CHAPTER 2
最重要子音：『L』の音＝[l]

「L」の音（発音記号 [l] の音）に近い日本語の音といえば、「ラ行」の音です。この音は、上あごの前部に舌を軽く当てて発音します。この、「舌を押し当てる位置と押し当てる度合い」が、日本語と英語では異なります。これを正しく身につけることが、「L」の音を発音する重要ポイントです。

L を発音する口の形を作ろう！	20
単語の最初と中にくる L の音	22
単語の最後にくる L の音	26
英語の音トレ！　LaLiLuLeLo トレーニング	28
英語の音トレ！　単語で L 音トレーニング	30
英語の音トレ！　単語▶文トレーニング	31

Lを発音する口の形を作ろう!

STEP 1 舌の位置を決める!

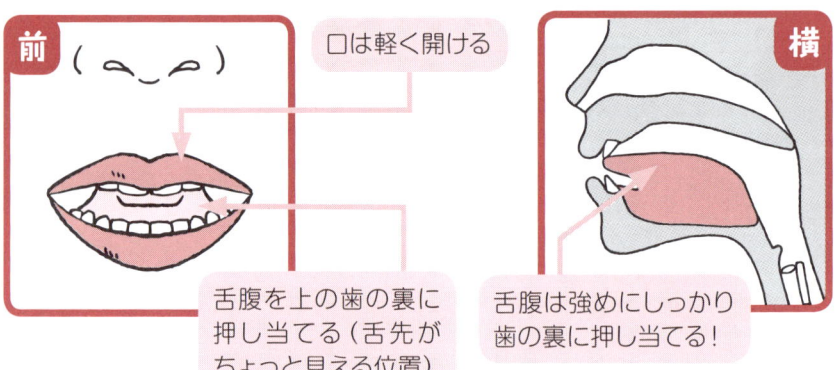

口は軽く開ける

舌腹を上の歯の裏に押し当てる（舌先がちょっと見える位置）

舌腹は強めにしっかり歯の裏に押し当てる!

STEP 2 「ルー」と言ってみる！

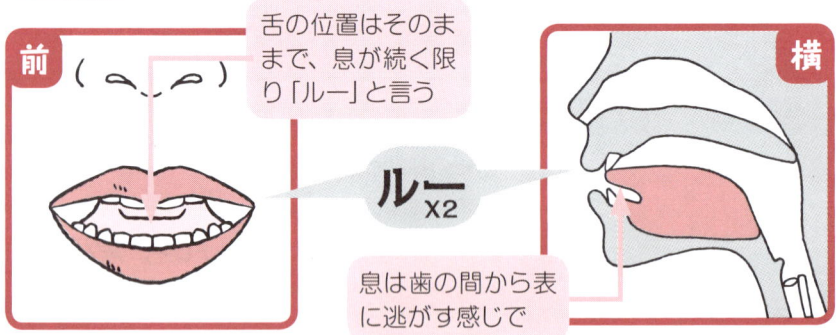

舌の位置はそのまま、息が続く限り「ルー」と言う

ルーx2

息は歯の間から表に逃がす感じで

CHECK! このとき、「ルー」という音に雑音に近い音が混ざっていれば成功。舌腹の押し当て方が弱かったり、舌先が出過ぎていたりするとそうならないので、鏡で舌の位置を確認しながらチャレンジしてみてください。

★ CHAPTER 2

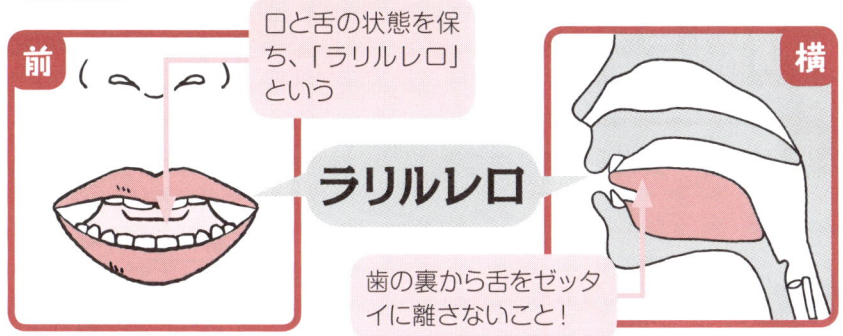

CHECK! 普段使っている日本語の「ラリルレロ」とはかけはなれた音ながらも、「**なんとなくラリルレロが見え隠れする連音**」になったのではないでしょうか。うまく行かない人は舌先の位置と舌腹の上歯にかける圧力を再確認！

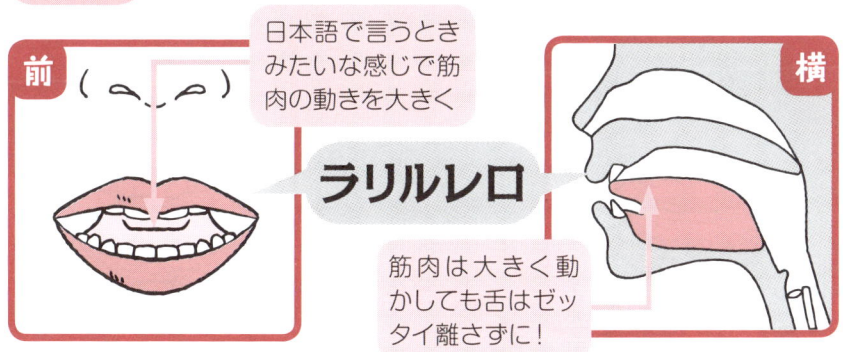

CHECK! 舌腹は相変わらず上の歯の裏につけたままなので、これでもまだちゃんとした「ラリルレロ」にはなりませんが、**STEP3 よりは多少「ラリルレロ」っぽい感じ**になっているはずです。この**3と4の訓練を何度も繰り返しましょう**。また今後「L」の発音に不安を感じたときにもそのつど立ち返り、行うといい訓練です。

単語の最初と中にくるLの音

STEP 1 基本の口の形で準備！

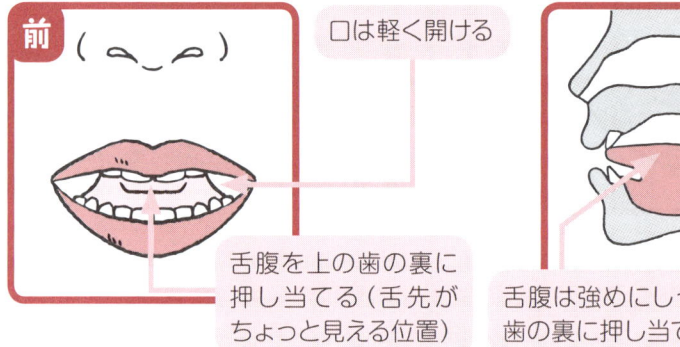

口は軽く開ける

舌腹を上の歯の裏に押し当てる（舌先がちょっと見える位置）

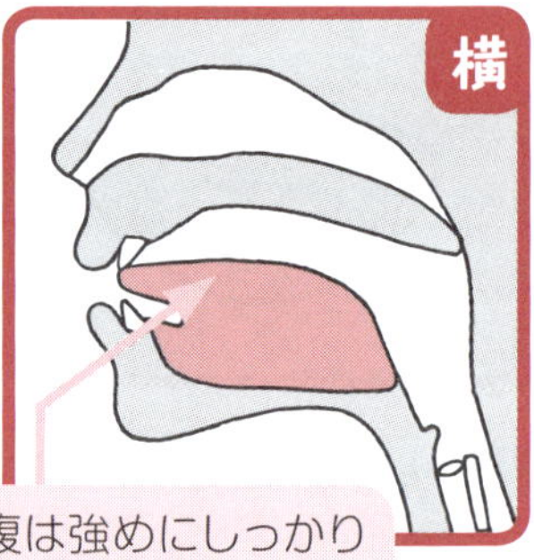

舌腹は強めにしっかり歯の裏に押し当てる！

STEP 2 「La」でリズム発音練習！

 CD 1-11

3・3・5のリズムで、素早くかつ強く弾む感じで

La La La!
La La La!
La La La La La

CHECK! 床にたたきつけた**ゴムまり**が何度も**バウンドするイメージ**で！
舌腹をしっかり押し当てることは絶対に忘れずに。

★ CHAPTER 2

STEP 3 「Li」でリズム発音練習！ CD 1-12

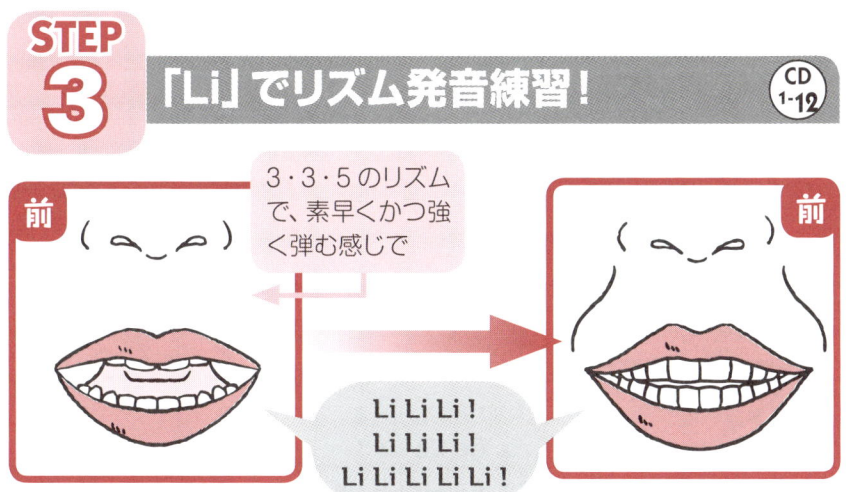

CHECK! 引き続き**同じイメージを描きながら**、他の音（Li、Lu、Le、Lo）も同様に発音練習をしましょう。

STEP 4 「Lu」でリズム発音練習！ CD 1-13

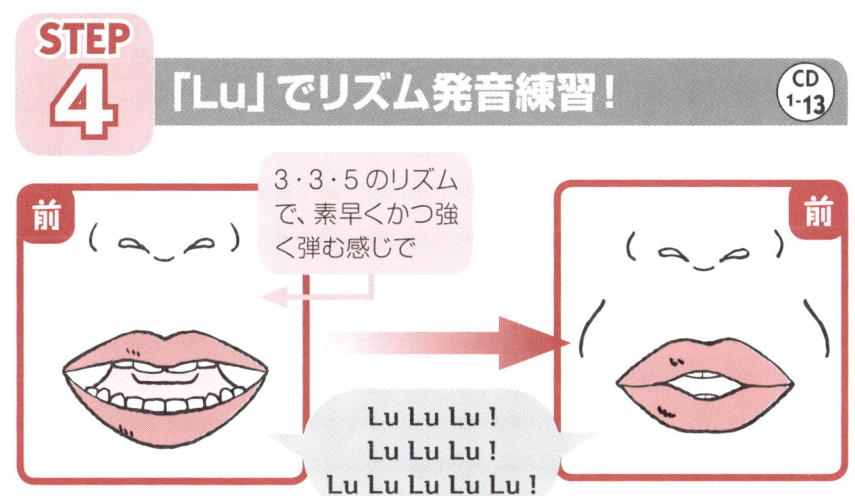

CHECK! このように舌を素早くリリースする動作は、実は日本語の「ラ行」の音でもやっていることです。しかし、**英語の場合は「舌を当てる」と同じくらいの強さと勢いでリリースする必要がある**のです。

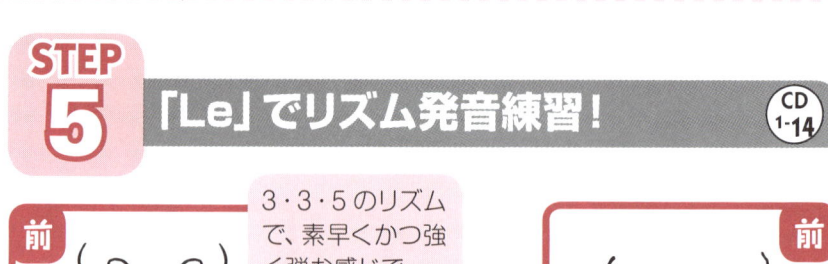

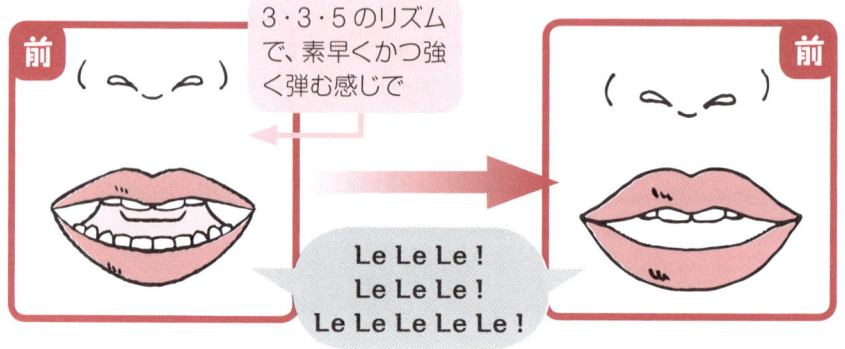

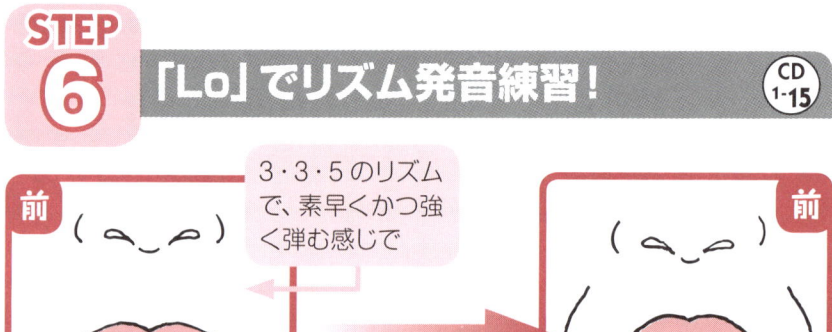

CHECK! 床にたたきつけた**ゴムまり**が何度も**バウンドする**イメージで！
舌腹を上の歯の裏にしっかり押し当てることは絶対に忘れずに。

★ CHAPTER 2

STEP 7 「タッタータッ」のリズムで発音練習!

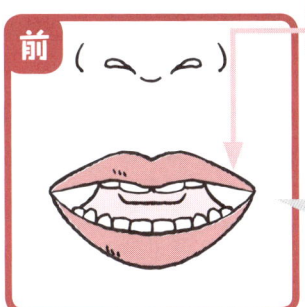

この口の形から スタート!

リズミカルに しっかり弾ませて!

La, Li, Li　Li, Lu, Lu
Lu, Le, Le　Le, Lo, Lo
Lo, Li, La　Lu, Le, Lo
Le, Lo, La　Li, Lu, Le

CHECK! 最初はゆっくり、徐々にスピードを上げて! これが速く言えるようになれば、**単語の最初と中にある「L」の音はバッチリ**です。

英語の音トレ　単語で「L」音トレーニング!

CDを聴いて、「L」の音を意識しながら、「L」の音を含む単語を発音してみましょう。

1	**l**unch	[lʌ́ntʃ]	昼食
2	**l**ucky	[lʌ́ki]	運のいい
3	**l**eech	[líːtʃ]	ヒル
4	**L**ucy	[lúːsi]	ルーシー (女子の名前)
5	**l**emon	[lémən]	レモン
6	**l**ow	[lóu]	低い

25

単語の最後にくる L の音

STEP 1 基本の口の形を確認！

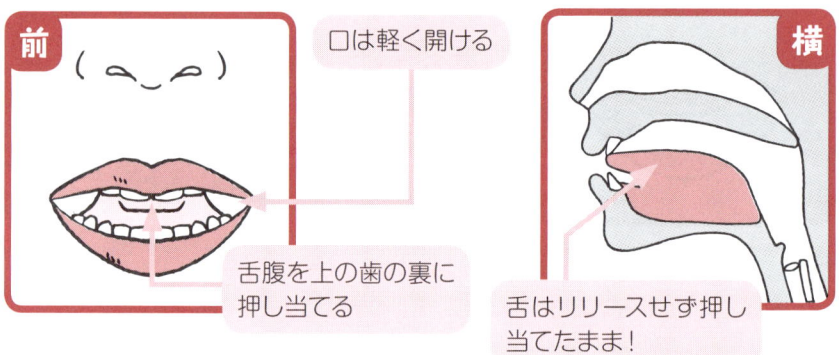

STEP 2 「L」を意識して発音練習！

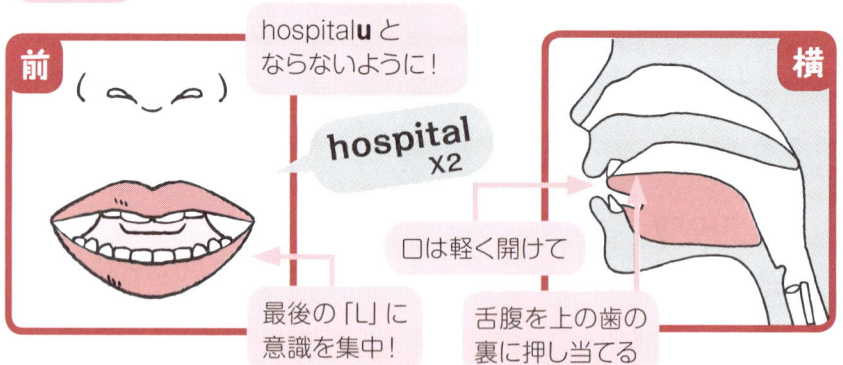

CHECK! hospital や He is in a hospital. のように、「L」の音で終わる単語や文（節）を発音するときは、次の音に移行する必要がないので、**舌はリリースせず押し当てた状態**にします。ただし、I went to the hospital to see my brother. のように、「L」で終わる単語が文（節）の中にくる場合は、**舌を押し当てた後、次の発音へすばやく移行する**必要があります。

★ CHAPTER 2

 **単語** ▶ **文** トレーニング

単語の最後の「L」の音を意識しながらCDを聴き、語句と文を声に出して何度も言ってみましょう。

1. **hospital** [háspitl] 病院

    ↓

    in a hospital 病院で

    ↓

    He is in a hospital.
    彼は病院にいる。

    ↓

    I went to the hospital to see my brother.
    私は弟に会うため病院へ行った。

2. **school** [skú:l] 学校

    ↓

    goes to shool 学校へ行く

    ↓

    He goes to school to learn.
    彼は学校へ学びに行く。

3. **goal** [góul] 目標

    ↓

    have a goal 目標を持つ

    ↓

    I have a goal in my life.
    私は人生における目標を持っている。

La Li Lu Le Lo トレーニング

　ここでは、日本語と英語の音の違いをハッキリ肌にたたき込むため、あえて日本語を用いて英語の「L」の発音を練習します。

　やり方はとてもシンプル！　**普段言っている日本語の「ラリルレロ」を、すべて英語の「L」の音に置き換えて言うだけ**です。「L」の部分をあえて強調して言ってみましょう。

　なお、**文末が「ル＝Lu」で終わっているものは、"u" という母音音は発音しない**よう心がけましょう。こうすることによって、「L」の音が単語の最後にくる際の正しい発音が練習できます。

Let's Try！　

1　「て**る**て**る**坊主作った**ら**晴**れ**た」

➡ て **Lu** て **Lu**・ぼうず・つくった **La**・は **Le** た

2　「**ロ**ウソク一本く**れる**？」

➡ **Lo** 一そく・いっぽん・く **LeL(u)**？

3　「君には借**り**があ**る**」

➡ きみには・か **Li** が・あ **L(u)**

4　「そ**れ**ってあた**ら**しいここ**ろ**み」

➡ そ **Le** って・あた **La** しい・ここ **Lo** み

5　「カ**ラ**スと帰**る**」

➡ か **La** すと・かえ **L(u)**

★ CHAPTER 2

6「ろくろを回してさらを作る」
➡ Lo く Lo を・まわして・さ La を・つく L(u)

7「そのろうじんは、らくてん家だ」
➡ その Lo －じんは・La くてんかだ

8「かれが代わりにならんでくれた」
➡ か Le が・かわ Li に・な La んで・く Le た

9「リスザルと一緒にるすばんする」
➡ Li スザルと・いっしょに・Lu すばんす L(u)

10「れいねんよりりけいのわりあいが多い」
➡ Le いねんよ Li・Li けいの・わ Li あいが・おおい

11「りくじょう大会に来てくれる？」
➡ Li くじょうたいかいに・きて・く LeL(u) ？

12「小説『らしょうもん』を借りてくる」
➡ しょうせつ・La しょうもんを・か Li て・く L(u)

　このように日本語を使うことで、英語の「L」の音と日本語の「ラ行」の音の差がハッキリしてくるはずです。
　みなさんも独自のものを考えて、いろいろ試してみてください。私たち日本人にはとても有効なエクササイズです。

単語で「L」音トレーニング

「L」の音を含む単語を発音してみましょう。「L」の音がどの場所にあるか、そしてその違いを意識しながら言ってみてください。

1	laugh	[lǽf]	笑う；笑うこと
2	lily	[líli]	ユリ
3	lure	[lúər]	ルアー；疑似餌
4	level	[lévəl]	平らな；レベル
5	lonely	[lóunli]	ひとりぼっちの；寂しい
6	island	[áilənd]	島
7	family	[fǽməli]	家族
8	luminous	[lúːmənəs]	反射する
9	elephant	[éləfənt]	ゾウ
10	follow	[fálou]	～の次に来る
11	tool	[túːl]	道具；工具
12	call	[kɔ́ːl]	呼ぶ；電話をかける
13	digital	[dídʒətl]	指の；デジタルの
14	appeal	[əpíːl]	(助力などを) 求める；訴える
15	available	[əvéiləbl]	使用できる

★ CHAPTER 2

単語 ▶ 文 トレーニング

英語の発音トレーニングをするときは、**最初に単語単独で、次に文の一部として発音する**という順で行ってください。

単語だけのときは「L」の音を意識して強調する感じで。対して、その流れを重視しなくてはならない**文中では、「L」の音をことさら強調する必要はありません**（CDには遅い・速いの2パターンの英文を収録）。

Let's Try ! CD 1-22

「L」の音を含む語句と文をCDで聴いて、後に続いて言ってみましょう。

1 単語 □ **l**ong [lɔ́ːŋ] 長い
   文 It's been a **l**ong time. (お久しぶり) 目標タイム：2秒

2 単語 □ be**l**ow [bilóu] 〜より下に
   文 It's be**l**ow the deck.
   (それはデッキの下にある) 目標タイム：1.5秒

3 単語 □ goa**l** [góul] ゴール   □ sti**ll** [stíl] まだ；依然として
   文 The goa**l** is sti**ll** far away.
   (ゴールはまだ遠い) 目標タイム：2.5秒

《ポイント！》goalもstillも「L」で終わる単語なので、単語単独で言うときは最後の「L」は舌はつけたまま離さないように。ただし文中にあるときは速やかに次の音に移行する。

4 単語 □ a**l**ways [ɔ́ːlweiz] いつも   □ **l**ike [láik] 〜を好む
   □ **l**isten [lísn] 聴く
   文 I a**l**ways **l**ike to **l**isten to you.
   (私はいつもあなたの話を聴くのが好き) 目標タイム：2秒

5 〈単語〉 ☐ **cool** [kúːl] イケてる；素敵；かっこいい

☐ **love** [lʌ́v] 愛している；とても好き

〈文〉 **He is cool and I love him.**
（彼は素敵で私は彼のことが大好き）　　目標タイム：1.5秒

《ポイント！》cool は「L」の音で終わる単語なので、単独で言うときは最後の「L」は舌はつけたまま離さないように。ただし文中にあるときは速やかに次の音に移行。

6 〈単語〉 ☐ **a lot of** [ə lát əv] たくさんの

☐ **people** [píːpl] 人々

〈文〉 **Wow, there's a lot of people here.**
（ワー、ここには人が一杯）　　目標タイム：2秒

7 〈単語〉 ☐ **ambulance** [ǽmbjuləns] 救急車

☐ **hospital** [háspitl] 病院

〈文〉 **The ambulance took him to the hospital.**
（救急車が彼を病院に連れて行った）　　目標タイム：2秒

《ポイント！》hospital は「L」の音で終わる単語。この例文では最後にくるので、舌はつけたまま離さないように。

8 〈単語〉 ☐ **play** [pléi] 演奏する

☐ **the blues** [ðə blúːs] ブルース

☐ **Alex** [ǽliks] アレックス（人名。男女どちらの場合もあり得る）

〈文〉 **I play the blues for Alex.**
（私はアレックスのためにブルースを弾く）　　目標タイム：2秒

CHAPTER 3

最重要子音：
『R』の音＝[r]

「R」の音には ring の ri や profit の ro のように直後に母音がつく場合と、cartoon の ar や doctor の or のように、直前に母音がつく場合などがあります。

それぞれで発音の仕方は異なりますので、ていねいに発音練習していきましょう。

直後に母音がくる R の音 ················· 34
英語の音トレ！ RaRiRuReRo トレーニング··· 40
直前に母音がつく R の音①〜③····· 42/44/46
英語の音トレ！ 単語▶文トレーニング ······· 48
英語の音トレ！ 「L」＆「R」合同トレーニング
　Training 1 ····························· 52
　Training 2 ····························· 53
　Training 3 ····························· 54

直後に母音がくるRの音

STEP 1　Rの口を作る準備：「ウ」と言う！

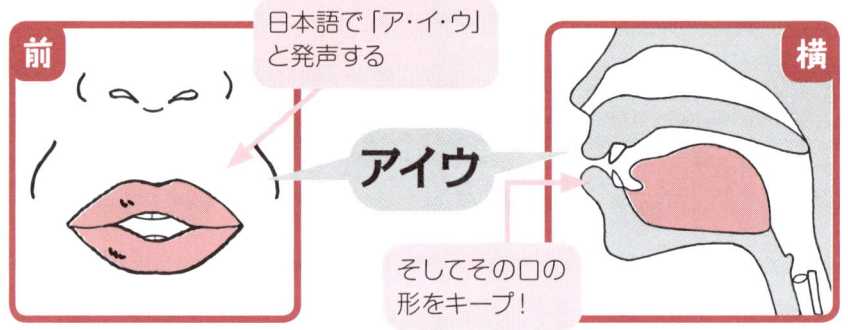

日本語で「ア・イ・ウ」と発声する

そしてその口の形をキープ！

CHECK! 日本語の「ウ」を言った直後は、**口はつぼみ気味で舌はどこにもつかず、口の中の前方に浮いている感じ**になっているはず。この状態をしっかり確認！

STEP 2　「ウ→ラ」と発声してみる

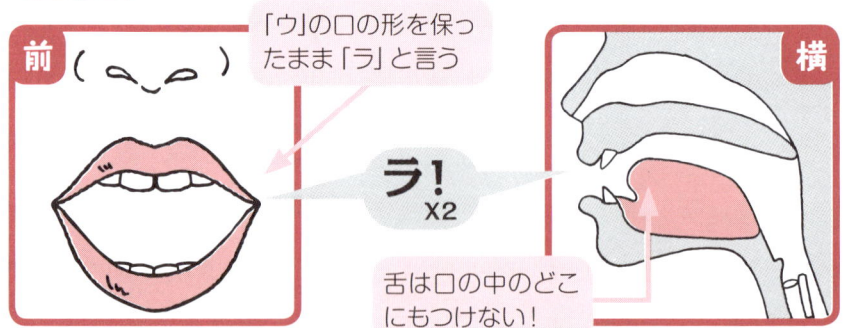

「ウ」の口の形を保ったまま「ラ」と言う

ラ！ ×2

舌は口の中のどこにもつけない！

CHECK! 「ラ」の**発声は強め**に、口をしっかりと開けて言うのがポイント！

★ CHAPTER 3

STEP 3 「Ra」でリズム発音練習！ CD 1-24

CHECK! 「Ra」のときは意識して口をしっかりあけるようにしましょう。
日本語の「ラ」は口はさほど動かさず、上あごに接している舌をそこから離すだけで発音できます。しかし**英語の「Ra」は、舌をどこにもつけない**ため、どうしても口周りの筋肉を一度すぼめないと発音しにくいのです。

STEP 4 「Ri」でリズム発音練習！ CD 1-25

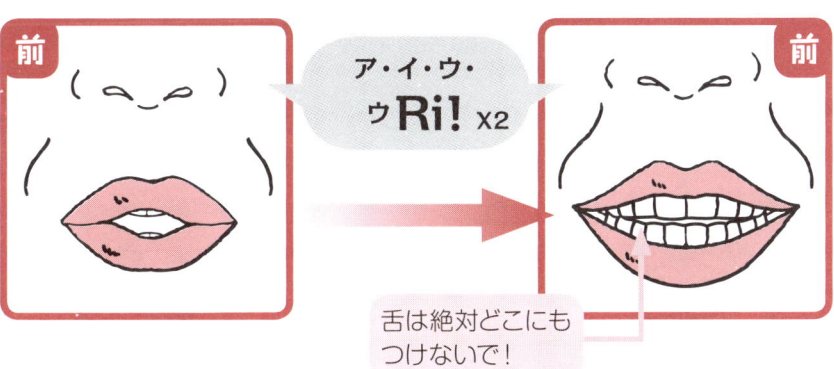

CHECK! 日本語の「リ」と同じ口の形で終わるようにするのがポイント！ **言い終わりの口の開き方を必ず鏡でチェック**しましょう。

35

STEP 5 「Ru」「Re」「Ro」も同様に発音練習！

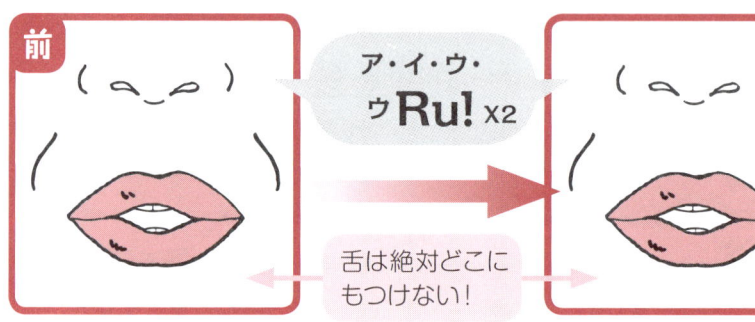

ア・イ・ウ・ゥRu! x2

舌は絶対どこにもつけない！

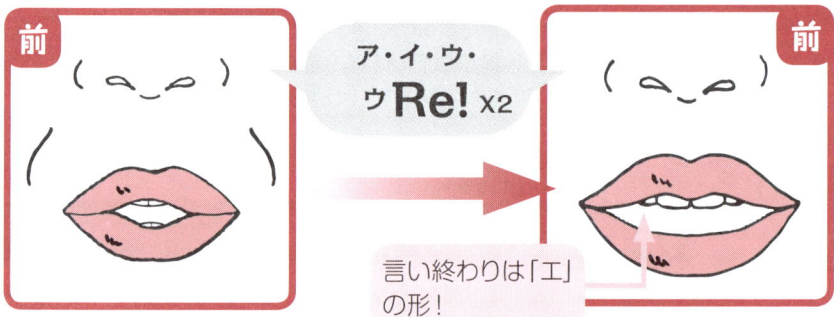

ア・イ・ウ・ゥRe! x2

言い終わりは「エ」の形！

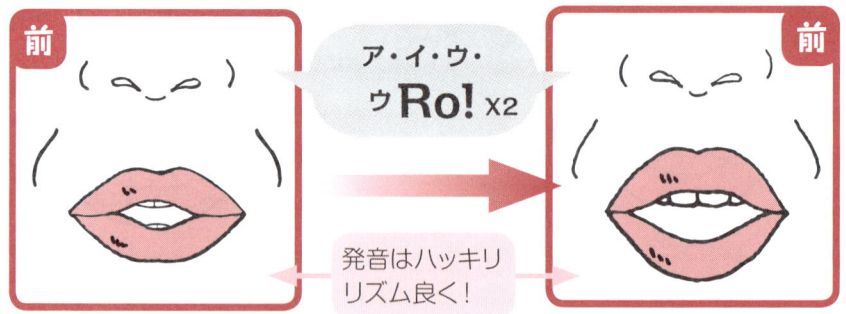

ア・イ・ウ・ゥRo! x2

発音はハッキリリズム良く！

CHECK! それぞれ日本語の「ル、レ、ロ」と同じ口の形で終わるようにするのがポイント！ 言い終わりの口の開き方を必ず鏡でチェックしましょう。

★ CHAPTER 3

STEP 6 予備音「ウ」を消していく 🎵 CD 1-27

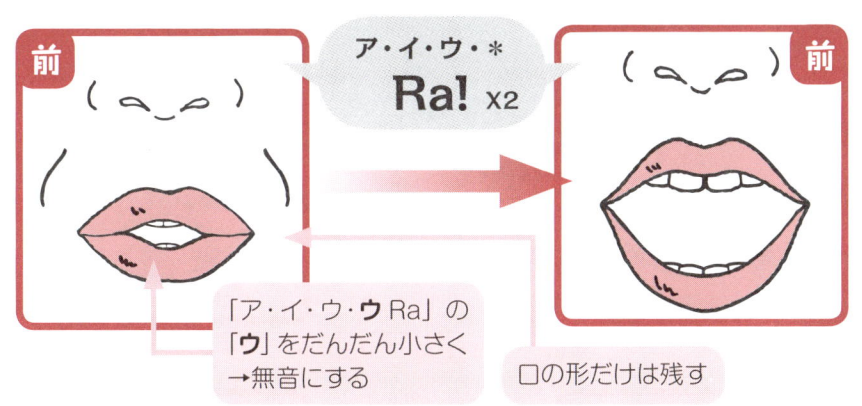

ア・イ・ウ・＊
Ra! x2

「ア・イ・ウ・**ウ** Ra」の「**ウ**」をだんだん小さく→無音にする

口の形だけは残す

CHECK! 「R」の音を正しく発音するために予備音として必要な「ウ」を徐々に消す練習です。**最終的には「ウ」という予備音は「音」としては完全に消し、「感覚」としてとらえる**ようにしていきましょう。口の形は鏡でチェック！

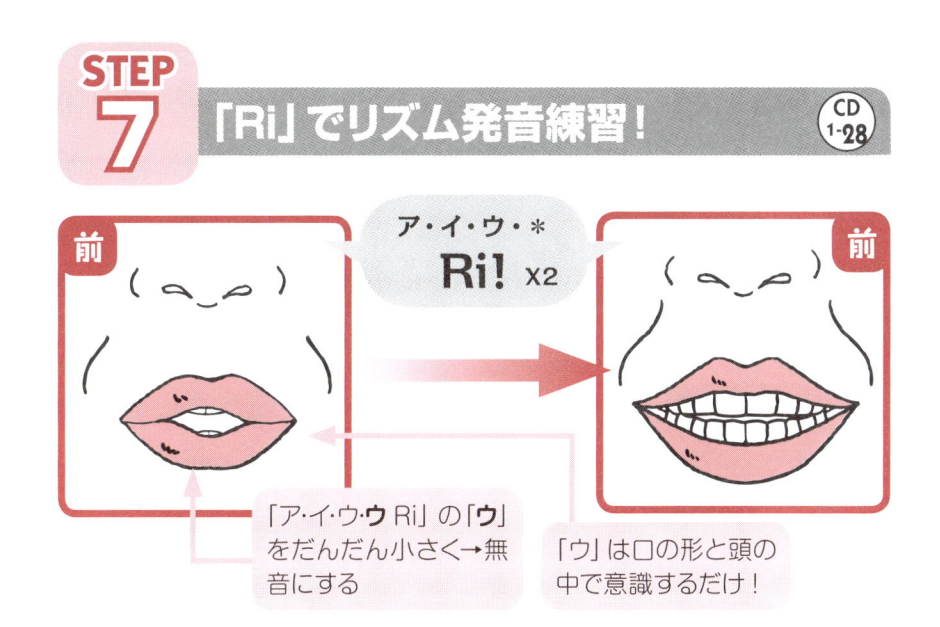

STEP 7 「Ri」でリズム発音練習！ 🎵 CD 1-28

ア・イ・ウ・＊
Ri! x2

「ア・イ・ウ・**ウ** Ri」の「**ウ**」をだんだん小さく→無音にする

「ウ」は口の形と頭の中で意識するだけ！

37

STEP 8 「Ru」「Re」「Ro」も同様に発音練習！ CD 1-29

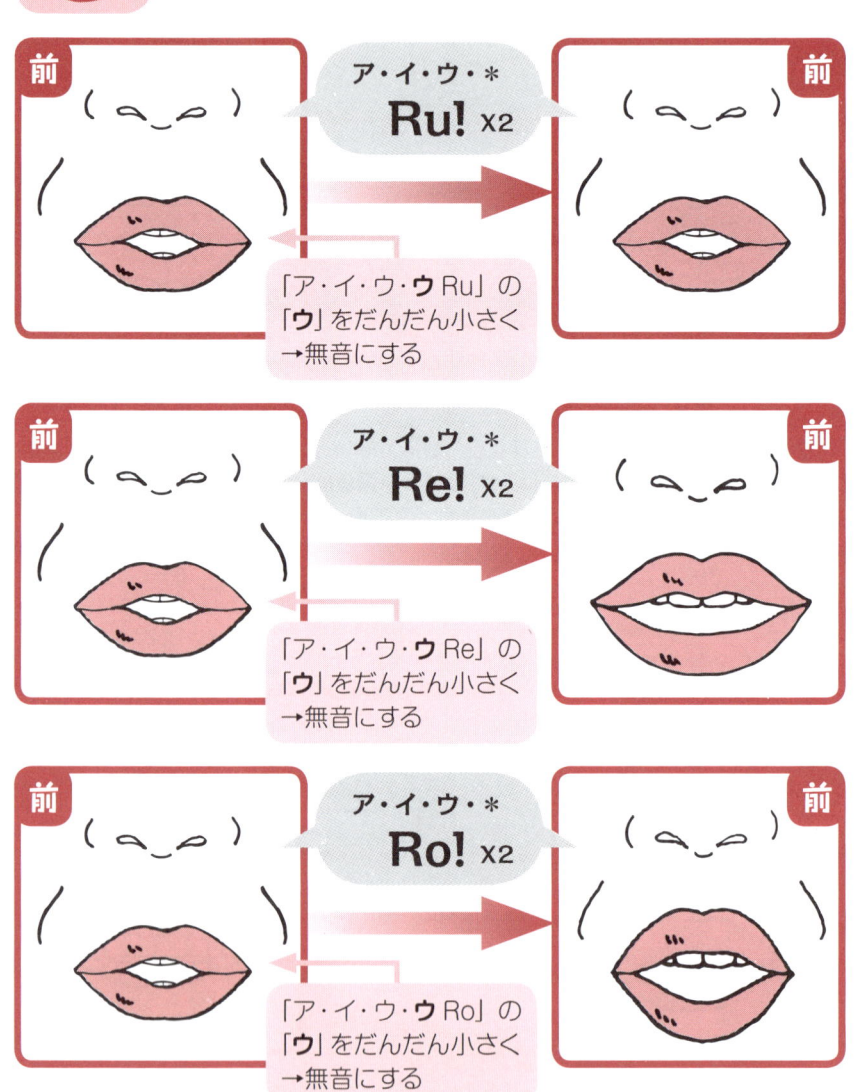

ア・イ・ウ・*
Ru! x2

「ア・イ・ウ・**ウ** Ru」の「**ウ**」をだんだん小さく→無音にする

ア・イ・ウ・*
Re! x2

「ア・イ・ウ・**ウ** Re」の「**ウ**」をだんだん小さく→無音にする

ア・イ・ウ・*
Ro! x2

「ア・イ・ウ・**ウ** Ro」の「**ウ**」をだんだん小さく→無音にする

CHECK! それぞれ日本語の「ル、レ、ロ」と同じ口の形で終わるようにするのがポイント！　言い終わりの口の開き方を必ず鏡でチェックしましょう。

★ CHAPTER 3

英語の音トレ　単語で「R」音トレーニング！

CD 1·30

「R」の音を含む単語を発音してみましょう。どれも「R」の直前に予備音の「ウ」を意識しつつ言ってみてください（CDには、「予備音あり→なし」の2パターンが収録してあります）。

	つづり	発音記号	意味	発音のイメージ
1	right	[ráit]	右	→ (ゥ)right
2	spring	[spríŋ]	春；バネ	→ sp(ゥ)ring
3	roof	[rú:f]	屋根	→ (ゥ)roof
4	brain	[bréin]	脳	→ b(ゥ)rain
5	road	[róud]	道	→ (ゥ)road
6	red	[réd]	赤い	→ (ゥ)red
7	very	[véri]	とても	→ ve(ゥ)ry
8	robot	[róubət]	ロボット	→ (ゥ)robot
9	cherry	[tʃéri]	サクランボ	→ che(ゥ)rry
10	ring	[ríŋ]	指輪	→ (ゥ)ring

どうですか？　今までよりはるかに英語らしい発音になったのではないでしょうか。慣れないうちは「R」の音の直前に小さく「ウ」と言ってもOKです。何度も練習する中で少しずつ音を消して、意識だけを残すところにまで持っていきましょう。

英語の音トレ Ra Ri Ru Re Ro トレーニング

　ここでも「L」の音と同様に、日本語と英語の音の違いをハッキリたたき込むために、日本語を用いて英語の「R」の発音をしっかり身につけましょう。使うのは「L」のときと同じ日本語文です。この中に入っている「ラリルレロ」をすべて、今度は「L」を「R」の音に置き換えて言いましょう。その際、「R」の直前に小さく「ウ」を意識して言ってみましょう。

Let's Try！ CD 1·31

1「てるてる坊主作ったら晴れた」
➡ て Ru て Ru・ぼうず・つくった Ra・は Re た
　　(ウ)　(ウ)　　　　　　　　(ウ)　　(ウ)

2「ロウソク一本くれる？」
➡ Ro ーそく・いっぽん・く ReRu ？
　(ウ)　　　　　　　　　(ウ)(ウ)

3「君には借りがある」
➡ きみには・か Ri が・あ Ru
　　　　　　　(ウ)　　　(ウ)

4「それってあたらしいこころみ」
➡ そ Re って・あた Ra しい・ここ Ro み
　　(ウ)　　　　(ウ)　　　　　(ウ)

5「カラスと帰る」
➡ か Ra すと・かえ Ru
　　(ウ)　　　　(ウ)

★ CHAPTER 3

6　「**ろ**くろを回してさ**ら**を作**る**」
➡ **Ro**く**Ro**を・まわして・さ**Ra**を・つく**Ru**

7　「その**ろ**うじんは、**ら**くてん家だ」
➡ その**Ro**ーじんは・**Ra**くてんかだ

8　「か**れ**が代わ**り**になら**ん**でく**れ**た」
➡ か**Re**が・かわ**Ri**に・な**Ra**んで・く**Re**た

9　「**リ**スザルと一緒に**る**すばんする」
➡ **Ri**スザルと・いっしょに・**Ru**すばんす**Ru**

10　「**れ**いねんよ**リリ**けいのわ**リ**あいが多い」
➡ **Re**いねんよ**Ri**・**Ri**けいの・わ**Ri**あいが・おおい

11　「**り**くじょう大会に来てく**れる**?」
➡ **Ri**くじょうたいかいに・きて・く**ReRu**?

12　「小説『**ら**しょうもん』を借**り**てく**る**」
➡ しょうせつ・**Ra**しょうもんを・か**Ri**て・く**Ru**

直前に母音がつくRの音①
[ɑːr]

　ここから学習する「R」の音には、スペリングの中で直前にひとつ母音がつく「ar, ir, ur, er, or」や、複数の母音がつく「oor, our, oar, ear」などいろいろあります。発音もそのときどきのスペリングに左右されますので、全てを完璧にカバーするには、そのつど単語ごとに発音を覚えていくしか方法はありません。それこそ気が遠くなるような話ですよね。ですがそんなことをせずとも、**まずこのレッスンと次のレッスンで学ぶ2つの「R」=[ɑːr][əːr]の音を身につければ、英語らしい発音に大きく近づくことができます。**

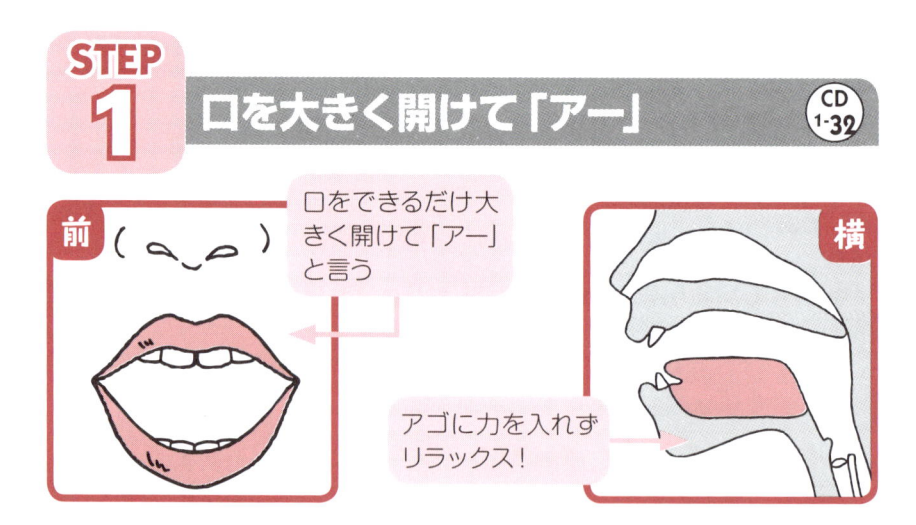

STEP 1 口を大きく開けて「アー」

CD 1-32

前　口をできるだけ大きく開けて「アー」と言う

横　アゴに力を入れずリラックス！

CHECK! これは car [kɑ́ːr]（車）や bar [bɑ́ːr]（横棒）や star [stɑ́ːr]（星）などに含まれる音です。この音の、ar 以外のつづり字としては are や ear などがあげられます。

★ CHAPTER 3

STEP 2 「R」の音を混入！

前

「アー」にほんの少し「R」の音を混ぜる
口は多少すぼめる

アー r
×2

横

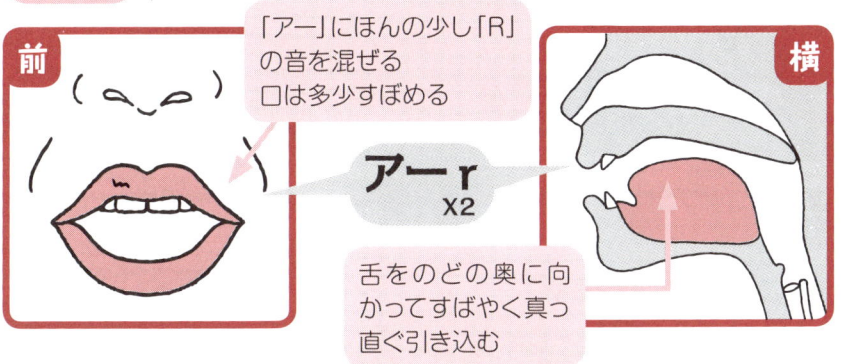

舌をのどの奥に向かってすばやく真っ直ぐ引き込む

CHECK! 舌は口の中のどこにもつかないように（ただし、上に向かって丸めるのはNGです）。鏡で舌の動きをチェックしながら練習しましょう。「アー」のときは下の方でリラックスしていた舌が、「R」の音を混ぜる際、多少丸く持ち上がりながら**奥に引っ張られる**のが見えると思います。

音のコツ ●● 「舌を引き込む」のはほどほどに

　[ɑːr] の音を出す際に、舌をあまり奥まで引き込み過ぎると、口が必要以上に閉じ気味になってしまいます。そうなってしまうと、まるで犬が警戒したときに出す「ウゥー」といううなり声のようになってしまいます。もしそうなってしまったら、舌の引き込みを少しゆるめて再チャレンジしてみてください。

　さてここで、この [ɑːr] の正しい発音を身につけるのに役立つ意外なものを1つ、お教えします。

それはカラスの鳴き声。

　カラスが発する「カァー」という鳴き声は、car [kɑːr]（車）という英単語の発音そのもので、語尾の [ɑːr] もそのままなのです！

　普段はゴミを散らかしたりすることなどからとかく悪者扱いされているカラスですが、実はその鳴き声には学ぶところがあったんですね〜。

　またちなみにアルファベットの「R」やbe動詞のareも同じ [ɑːr] という発音ですから覚えておきましょう。

43

直前に母音がつく R の音②
[ər][əːr]

STEP 1 口を大きく開けず「アー」

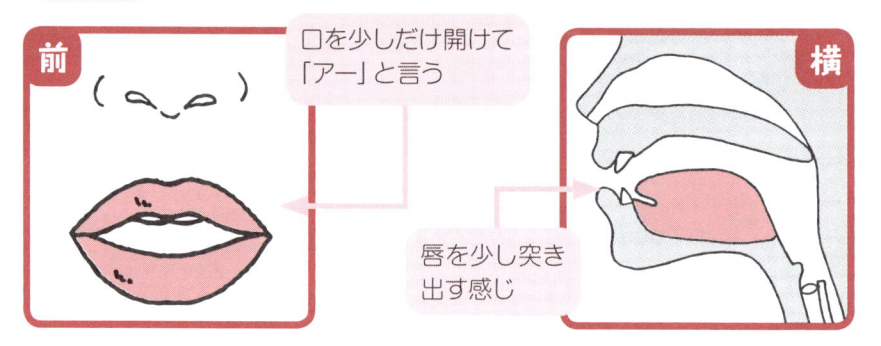

口を少しだけ開けて「アー」と言う

唇を少し突き出す感じ

前 / 横

STEP 2 「R」の音を混入！

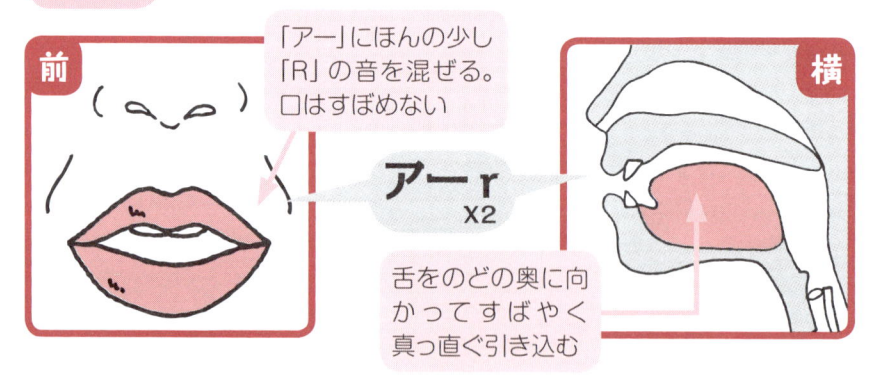

「アー」にほんの少し「R」の音を混ぜる。口はすぼめない

アー r x2

舌をのどの奥に向かってすばやく真っ直ぐ引き込む

前 / 横

CHECK! 舌は口の中のどこにもつかないように（上に向かって丸めない！）。口があまり開いていないので見づらいですが、鏡で舌の動きをチェックしましょう。**口の中の動きは [ɑːr] のときと同じです。**air [ɛər]（空気）や near [nɪər]（近い）などに含まれます。つづり字は ar、er、ear、ir、or、our、ur など。

44

★ CHAPTER 3

音のコツ●● 口を閉じがちな日本人

CD 1·34

突然ですが、ちょっと次の英文を音読してみてください。

I parked my car by the park.
(私は公園のそばに私の車をとめた)

なぜこんなことを突然言い出したかというと、じつは我々日本人は **[ɑːr] の発音が大の苦手**なのです。[ɑːr] と [əːr] [ər]（そしてこの後学ぶ [ɔːr]）とでは、口の開け方に大きな違いがあるということは先ほど学んだばかりなのですが、気がつくと、

I parked my car by the park. 🔊
　　[ɑːr]　　　　　[ɑːr]　　　　　　　[ɑːr]

ではなく、

I perked my cur by the perk. 🔊
　　[əːr]　　　　　[əːr]　　　　　　　[əːr]

に近い感じになってしまっているのではないでしょうか。

こうなってしまうと、文法的・意味的におかしくなります。下の文だと「私は私の雑種である猛犬を役得によって沸かした」という、意味不明な文になってしまうのです。

じつは、我々日本人はこういう直前に母音がつくタイプの「R」の音のほとんどすべてを、口をあまり開けずに（＝ [əːr] [ər] [ɔːr] のときのように）言ってしまいがちなのです。

ですから、[ɑːr] 音だけは口をしっかり開けて言う！ということを、ビシッと頭にたたき込んで、くれぐれも忘れないようにしてくださいね。

45

直前に母音がつくRの音③
[ɔːr]

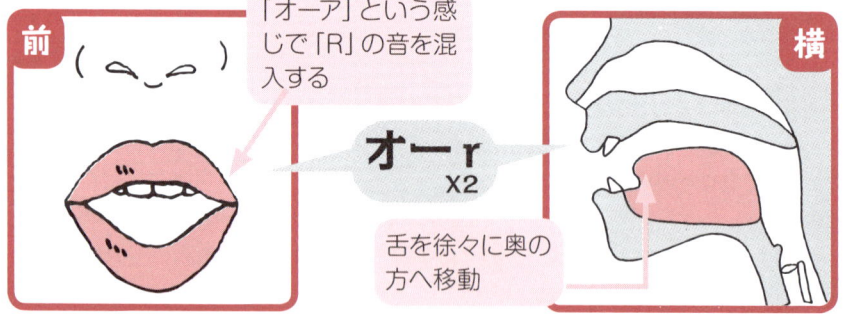

STEP 1 日本語と同じ「オ」
CD 1-35

前

日本語と同様に「オ」と発声する

オ

横

舌は浮いた状態

STEP 2 「R」の音を混入！
CD 1-35

前

「オーア」という感じで「R」の音を混入する

オーr
×2

横

舌を徐々に奥の方へ移動

CHECK! 舌を奥に移動させつつ「R」の音を混入すると、「オ」→「ア」という感じに音が変化します。鏡で確認しましょう。舌を必要以上に奥まで引き込まないこと。やりすぎると犬のうなり声のようになってしまいます。これは、door [dɔ́ːr]（扉）や boar [bɔ́ːr]（イノシシ）などに含まれる音です。つづり字としては、oar、oor、or、our、ar などがあげられます。

★ CHAPTER 3

英語の音トレ 単語で「R」の音トレーニング！

CD 1-36

直前に母音がつく「R」を含む単語を発音してみましょう。口を大きく開くか開かないか、しっかり意識しながら言いましょう。

1	arc	[áːrk]	弧
2	army	[áːrmi]	軍隊
3	car	[káːr]	車
4	dark	[dáːrk]	暗い
5	park	[páːrk]	公園
6	star	[stáːr]	星
7	alert	[əláːrt]	気を配っている
8	curtain	[káːrtn]	カーテン
9	dirty	[dáːrti]	きたない
10	pearl	[páːrl]	真珠
11	stir	[stáːr]	かき回す
12	court	[kɔ́ːrt]	裁判所
13	door	[dɔ́ːr]	ドア
14	pork	[pɔ́ːrk]	豚肉
15	sort	[sɔ́ːrt]	種類；タイプ

47

英語の音トレ 単語 ▶ 文 トレーニング

英語で自分の意図を相手に正しく伝えるためには、[ɑːr] と [ər][əːr] のメリハリはとても重要です。違いをより分かりやすくするために、**[ɑːr] には 開**、**[ər][əːr] には 閉** のマークを付けてあります。

そして❹以降は、すべてのタイプの「R」音を含むトレーニングです。ちょっと難しいかもしれませんが、最初は焦らずゆっくり、徐々に速度を上げていきましょう。CD（遅い・速いの2パターンを収録）を聴いて、**納得いくまで何度もチャレンジしてください。**

Let's Try !
(CD 1-37)

「R」の音を含む単語と文を CD で聴いて、後に続いて言ってみましょう。

1 単語
- star [stɑ́ːr] 星 (開)
- barber [bɑ́ːrbər] 床屋 (開)(閉)
- neighborhood [néibərhùd] 近所 (閉)

文 The barber is the star in my neighborhood.
   (開)(閉)   (開)   (閉)

（その床屋さんはこの近所じゃ有名人です）　　目標タイム：3秒

2 単語
- further [fə́ːrðər] さらに（遠く）(閉)(閉)
- farm [fɑ́ːrm] 農場 (開)

文 How much further to your farm?
          (閉)(閉)   (開)

（あなたの農場まではあとどのぐらい？）　　目標タイム：2秒

★ CHAPTER 3

3 【単語】 □ **far** [fáːr] 遠い

□ **near** [níər] 近い

【文】 **My house is not far. It's near.**

（私の家は遠くない。近いです） 目標タイム：2.5秒

4 【単語】 □ **girl** [gə́ːrl] 女の子；女性

□ **front** [fránt] ～前

□ **sister** [sístər] 姉；妹

【文】 **The girl in front of me is my baby sister.**

（私の前に立っているのが私の末の妹です） 目標タイム：3秒

《ポイント！》 baby sister は「いちばん年の若い妹」のことで、日本語で言う「末の妹」と同じ意味になります。

5 【単語】 □ **rock** [rák] ロック

□ **perfect** [pə́ːrfikt] 完全な；完璧な

□ **for** [fɔ́ːr] ～のため；～にとって

□ **party** [páːrti] パーティー

【文】 **Rock music is perfect for tonight's party.**

（ロックは今夜のパーティーには最適だ） 目標タイム：3秒

49

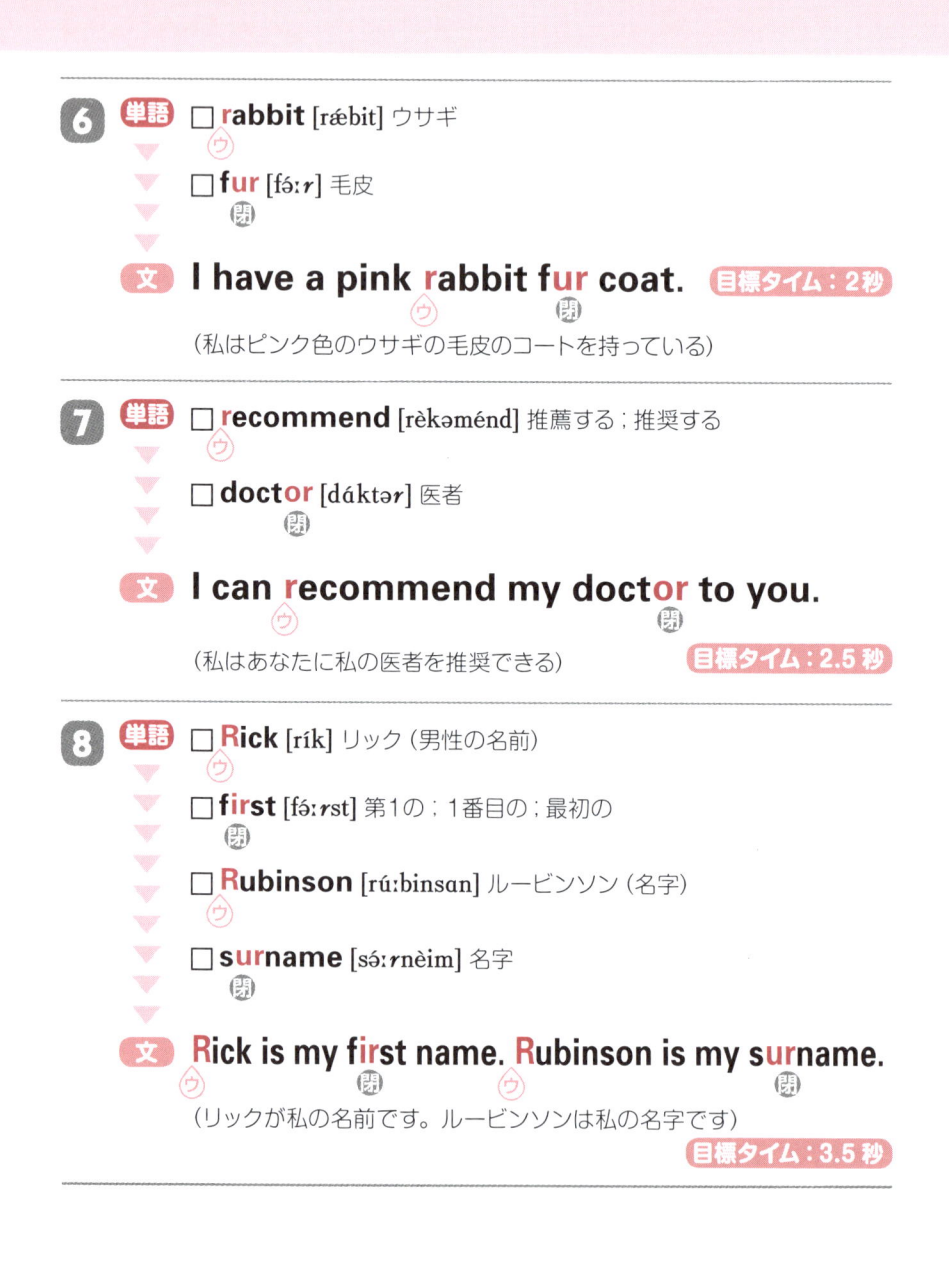

6 単語 ☐ **r**abbit [rǽbit] ウサギ
(ウ)

☐ **f**u**r** [fə́:r] 毛皮
(閉)

文 **I** have a pink **r**abbit **f**u**r** coat. 目標タイム：2秒
(ウ)　　　　　　　　　　　(閉)

（私はピンク色のウサギの毛皮のコートを持っている）

7 単語 ☐ **r**ecommend [rèkəménd] 推薦する；推奨する
(ウ)

☐ doct**o**r [dáktər] 医者
(閉)

文 **I** can **r**ecommend my doct**o**r to you.
(ウ)　　　　　　　　　(閉)

（私はあなたに私の医者を推奨できる）　目標タイム：2.5秒

8 単語 ☐ **R**ick [rík] リック（男性の名前）
(ウ)

☐ **f**i**r**st [fə́:rst] 第1の；1番目の；最初の
(閉)

☐ **R**ubinson [rú:binsɑn] ルービンソン（名字）
(ウ)

☐ su**r**name [sə́:rnèim] 名字
(閉)

文 **R**ick is my **f**i**r**st name. **R**ubinson is my su**r**name.
(ウ)　　　　(閉)　　　　(ウ)　　　　　　　　(閉)

（リックが私の名前です。ルービンソンは私の名字です）

目標タイム：3.5秒

50

★ CHAPTER 3

9 単語 □ **p**our [pɔ́ːr] 注ぐ
(オー)

□ **br**andy [brǽndi] ブランデー
(ウ)

文 **Pour me some brandy.**
(オー) (ウ)

（私にブランデーを少し注いで）　目標タイム：2秒

10 単語 □ **r** [áːr] アルファベットのR
(閉)

□ **are** [áːr] 二人称単複と三人称複数で使われるbe動詞
(閉)

□ **pr**onounced [prənáunst] 発音される
(ウ)

文 **"R" and "are" are pronounced the same.**
(閉)　　(閉)　(閉)　(ウ)

（「r」と「are」はどちらも同じに発音される）　目標タイム：3秒

11 単語 □ **gr**ab [grǽb] つかむ
(ウ)

□ **ch**air [tʃέər] イス
(閉)

□ **d**oor [dɔ́ːr] ドア
(オー)

文 **Grab the chair by the door.**
(ウ)　　(閉)　　(オー)

（ドアの横のイスに座って）　目標タイム：2秒

51

英語の音トレ 「L」&「R」合同トレーニング

■ Training 1 ■

　14ページでも触れたように、アルファベット内の**「L」は [él]**、**「R」**は **[áːr]** と発音されます。

　まずはそのことを思い浮かべつつ、CDの音声を聴いて、次の3つを口に出して言ってみましょう。

　最初はもちろんゆっくりしたテンポから始めて、最終目的はそれぞれ一息で3秒以内を目指しましょう。

　「L」と「R」の発音がきちんと出来ていれば、ここでの3秒は驚くほどの速さではありません。焦らず、自分をごまかすことなくしっかりした発音を心がけましょう。

Let's Try！　CD 1-38

❶ L - R - L - R - L - R - L
　[él]　[áːr]　[él]　[áːr]　[él]　[áːr]　[él]

　　　　　　　　　　　　　　　　　目標タイム：3秒

❷ L - R - L - L - R - R - L
　[él]　[áːr]　[él]　[él]　[áːr]　[áːr]　[él]

　　　　　　　　　　　　　　　　　目標タイム：3秒

❸ R - L - R - R - R - L - L - R
　[áːr]　[él]　[áːr]　[áːr]　[áːr]　[él]　[él]　[áːr]

　　　　　　　　　　　　　　　　　目標タイム：3秒

★ CHAPTER 3

Training 2

　今度は「L」音、「R」音、どちらも単語の最初にくるパターンです。CDを聴いて、声に出して言ってみましょう。

　目標タイムはここでも、それぞれ3秒以内です。

　ここでのコツは、全部を一息で一気にまくし立てるように言うのではなく、**「,(コンマ)」のあるところで一息置き、直後の(2つ目の) and をちょっと強調する**ようにすると比較的スムーズに言えるはずです。「,」で一息置いたとしても、スムーズに出来れば十分に3秒で収まります。

　最初はゆっくりしたテンポから徐々に目標タイムに向かってスピードアップさせて行きましょう（CDには、「遅い・速い」の2パターンが収録されています）。

Let's Try !　　　　　　　　　　　　　　CD 1-39

1 You go right and right, and left and left.
　　　　　[ráit]　　　　[ráit]　　　　[léft]　　　[léft]

　　　　　　　　　　　　　　　　　目標タイム：3秒

2 You go left and right, and right and left.
　　　　　[léft]　　　　[ráit]　　　　[ráit]　　　[léft]

　　　　　　　　　　　　　　　　　目標タイム：3秒

3 You go right and left, and left and right.
　　　　　[ráit]　　　　[léft]　　　　[léft]　　　[ráit]

　　　　　　　　　　　　　　　　　目標タイム：3秒

　発音方法で不安になったら、「L」の音は『CHAPTER 2』(19～32ページ)、「R」の音は『CHAPTER 3』(33～51ページ)で再確認しましょう。

Training 3

ここからは、これまで取り上げた「L」の音と「R」の音がすべて混ざった、日常会話で頻繁に遭遇しそうなパターンの練習をしましょう。

これまで取り上げた「L」と「R」の音いちらん

- 「L」：単語や文の最初と中にくるときの音
- 「L」：単語や文の最後にくるときの音
- 「R」：直後に母音がくるときの音
- 「R」：直前に母音がつくときの音　[ɑːr]　[əːr, ər]　[ɔːr]

CD 音声を聴いて、単語と英文を口に出して言ってみましょう。英文は、「遅い・速い」の2パターンが収録されています。

各文には目標タイムが設定してあります。この目標タイムは「**ナチュラルスピード**（ネイティブが通常話すときのスピード）**に、ちょっとだけおまけタイムを足したもの**」なので、決して無理な目標ではありません。

焦らず、細かいところ——舌の押し当て具合、リリースの素早さ、舌の位置、口の形…などなど——をしっかり意識して、目標タイムへ近づけていきましょう。

Let's Try !　　CD 1-40

「L」と「R」の音を含む単語と文を CD で聴いて、後に続いて言ってみましょう。

1 　**単語**　□ **right** [ráit] 正しい
　　　　　□ **light** [láit] 光
　　　　　□ **bright** [bráit] 明るい

　文　**The right light is the bright light.**
　　　（右の光が明るい光です）　　　　　　**目標タイム：2.5 秒**

　ヒント　right と bright の「ri」と light の「li」の違いに注意。

★ CHAPTER 3

2 単語
- □ rabbit [rǽbit] ウサギ
- □ rip [ríp] 引き裂く
- □ lip [líp] 唇

文 **Why does the rabbit have ripped lips?**
（なぜウサギの唇は裂けているの？）　目標タイム：2.5秒

ヒント　ripped の「ri」と lips の「li」の違いに注意。

---

3 単語
- □ where [hwέər] どこに
- □ your [júər] あなたの
- □ list [líst] 表
- □ wrist [ríst] 手首

文 **Where is your list? What's on your wrist?**
（あなたのリストはどこにあるの？　あなたの手首には何があるの？）　目標タイム：3秒

ヒント　list の「li」と wrist の「ri」の違いに注意。

---

4 単語
- □ congratulations [kəngrætʃuléiʃənz] 祝うこと
- □ your [júər] あなたの
- □ graduation [grædʒuéiʃən] 卒業

文 **Congratulations on your graduation.**
（卒業おめでとうございます）　目標タイム：2.5秒

ヒント　congratulations の「ra」と「la」、graduation の「ra」の発音に注意。

---

5 単語
- □ old [óuld] 古い
- □ loom [lú:m] はた織り
- □ room [rú:m] 部屋

文 **I want to show you this old loom in this new room.**
（私はあなたにこの新しい部屋にあるこの古い織機を見せたい）　目標タイム：4秒

ヒント　loom の「lo」と room の「ro」の違いに注意。

6 **単語**
- rocket [rɑ́kit] ロケット
- her [hɚr] 彼女の
- locket [lɑ́kit] ロケット（首飾り）
- are [ɑːr] 二人称単複と三人称複数で使われる be 動詞
- closet [klɑ́zit] 物置；戸棚

文 **My toy rocket and her locket, they are both in the closet.**　目標タイム：4秒
（私のおもちゃのロケットと彼女の首飾りのロケット、どちらも押し入れの中）

ヒント rocket の「ro」と locket、closet の「lo」の違いに注意。また、her の「er」、そして are の発音にも注意。

7 **単語**
- right [rɑ́it] 正しい
- lyrics [líriks] 歌詞
- wrong [rɔ́ːŋ] 間違った

文 **I have the right lyrics. You have the wrong lyrics.**　目標タイム：3.5秒
（私が持っているのが正しい歌詞、あなたが持っているのは間違った歌詞）

ヒント right の「ri」、wrong の「ro」、lyrics の「ly」と「ri」の発音に注意。

8 **単語**
- English [íŋglíʃ] 英語
- fender [féndɚr] フェンダー；泥よけ
- bender [béndɚr] やっとこ；盗難車

文 **In English we say, "fender bender" not "bender fender".**　目標タイム：3秒
（英語では"ベンダーフェンダー"ではなく"フェンダーベンダー"と言います）

ヒント 繰り返し出てくる fender と bender の「er」の発音をしっかり言えるよう注意。

★ CHAPTER 3

9 　**単語**
- star [stáːr] 星；主演する
- stir [stə́ːr] かき混ぜる

文 **You star, I stir.**
（あなたは主役をはる、私はめんどうを起こす）　目標タイム：2秒

ヒント star の「ar」と stir の「ir」の違いに注意。

10 　**単語**
- rules [rúːlz] rule（規則）の複数形
- are [áːr] 二人称単数と三人称複数で使われる be 動詞
- remember [rimémbər] 覚えておく

文 **Rules are rules, remember that.**
（ルールはルール、そのことは覚えておくように）　目標タイム：2.5秒

ヒント rules の「ru」と「le」、remember の「re」と「er」の発音に注意。また、are の発音にも注意。

11 　**単語**
- doctors [dáktərz] doctor（医者）の複数形
- hospital [háspitl] 病院
- teachers [tíːtʃərz] teacher（教師）の複数形
- school [skúːl] 学校

文 **Doctors in hospital, teachers in school.**
（病院にいる先生（医者）、学校にいる先生）　目標タイム：3秒

ヒント doctors の「or」と teachers の「er」に注意。また、単語の終わりにくる「L」の発音に注意。

12 　**単語**
- listen [lísn] 聞く
- lesson [lésn] 授業
- razor [réizər] かみそり

文 **Listen, Lesson, Razor.**
（聞く、レッスン、カミソリ）　目標タイム：2秒

ヒント listen の「li」、lesson の「le」、razor の「ra」と「or」の発音に注意。

13 単語
- let [lét] ～させてやる
- your [júər] あなたの
- email [íːmeil] 電子メール
- address [ǽdres] 住所；アドレス

文 **Let me know your email address.**
(あなたのEメールアドレス教えて)　目標タイム：3秒

14 単語
- Carl [káːrl] カール (男子の名前)
- finally [fáinəli] ついに
- agreed [əgríːd] 同意する
- marry [mǽri] 結婚する
- Marilyn [mǽrilin] マリリン (女子の名前)

文 **Carl finally agreed to marry Marilyn.**
(カールはやっとマリリンとの結婚に同意した)　目標タイム：3秒

15 単語
- create [kriéit] 作り出す
- all [ɔ́ːl] すべて
- flower arrangements フラワーアレンジメント [fláuər əréindʒmənt]
- for [fɔ́ːr] ～用の
- different [dífərənt] 違う；異なる

文 **We create all kinds of flower arrangements for different occasions.**
(用途によって色々なフラワーアレンジメントのスタイルがある)　目標タイム：3秒

CHAPTER 4

最重要子音：
「TH」の音＝[θ][ð]

「TH」の音は、[θ] ＝無声音と [ð] ＝有声音の2種類（まれに [t] と発音することもあります）。[θ] も [ð] も、発音する時の口と舌の状態は同じですが、出す音をにごらせるか否かで違いを出します。日常会話などでよく使う音なので、しっかり習得しましょう。

TH の音①　無声音の [θ]・・・・・・・・・・・・・・60
TH の音②　有声音の [ð]・・・・・・・・・・・・・・64
英語の音トレ！　単語▶文トレーニング・・・・・・・68

THの音① 無声音の [θ]

STEP 1　基本の口の形を作る 　CD 1-41

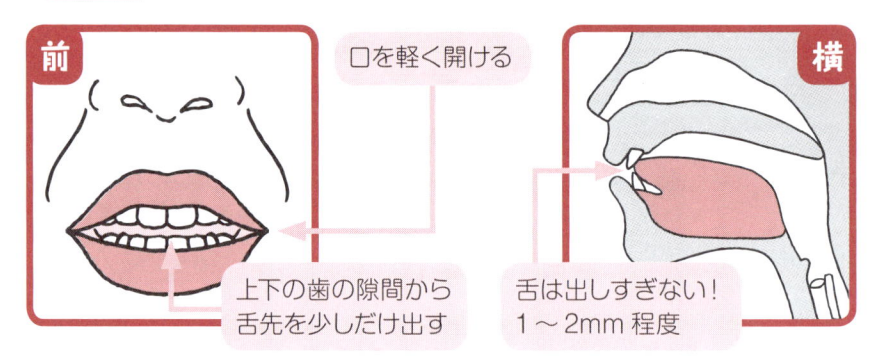

前　　　　　　　　　　　　　　　　横

口を軽く開ける

上下の歯の隙間から舌先を少しだけ出す

舌は出しすぎない！
1〜2mm 程度

CHECK! この音は「上下の歯から舌を出して軽く**噛む**」とよく言われますが、「上下の歯の隙間を舌でごくごく軽く**埋める**」方が正しい音につながります。

STEP 2　空気を出す 　CD 1-41

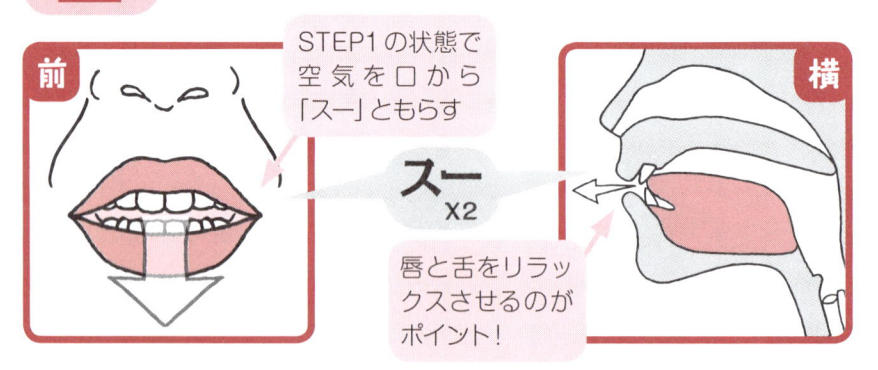

前　　　　　　　　　　　　　　　　横

STEP1の状態で空気を口から「スー」ともらす

スー
×2

唇と舌をリラックスさせるのがポイント！

CHECK! 正しくできていれば**舌腹と上歯の間から空気がもれます**。もし舌まわり全体からもれていたら舌と歯の隙間があきすぎです。もう少し上下の歯を舌に近づけましょう。逆に空気がもれにくければ隙間がなさ過ぎなので、もう少し上下の歯の力を抜きましょう。

★ CHAPTER 4

STEP 3 「サ・シ・ス・セ・ソ」レッスン 🎧 1-42

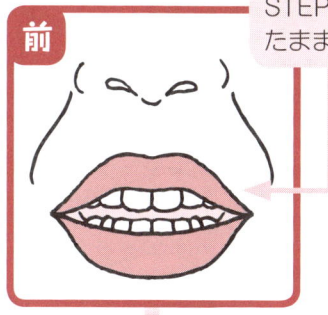

前

STEP2の状態を保ったままで「サ」と言う。

横

舌を勢いよく離す感じで息をもらしながら

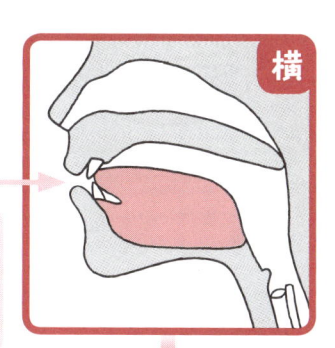

前

こもらずハッキリ力強く！

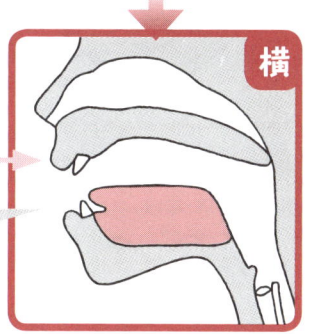

横

サ！

CHECK! 鏡を見ながら、**口の開け方や舌の出方、舌と歯の触れ具合、言い終わりの口の形**（＝それぞれの母音の形）をチェックしてみましょう。

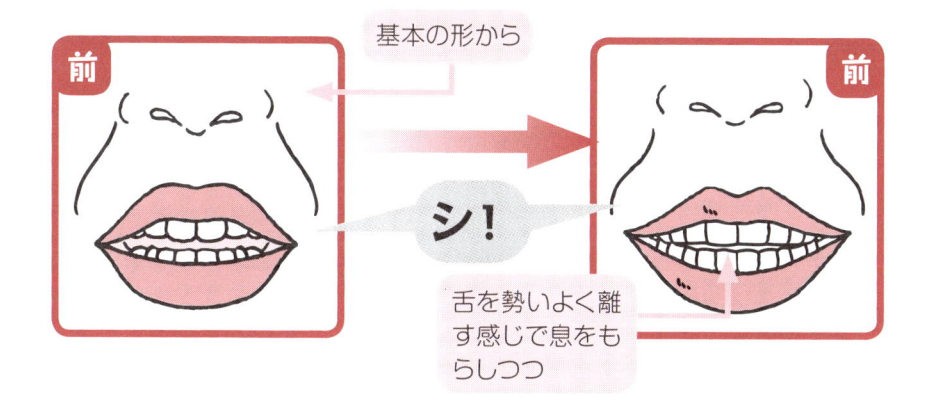

前

基本の形から

前

シ！

舌を勢いよく離す感じで息をもらしつつ

61

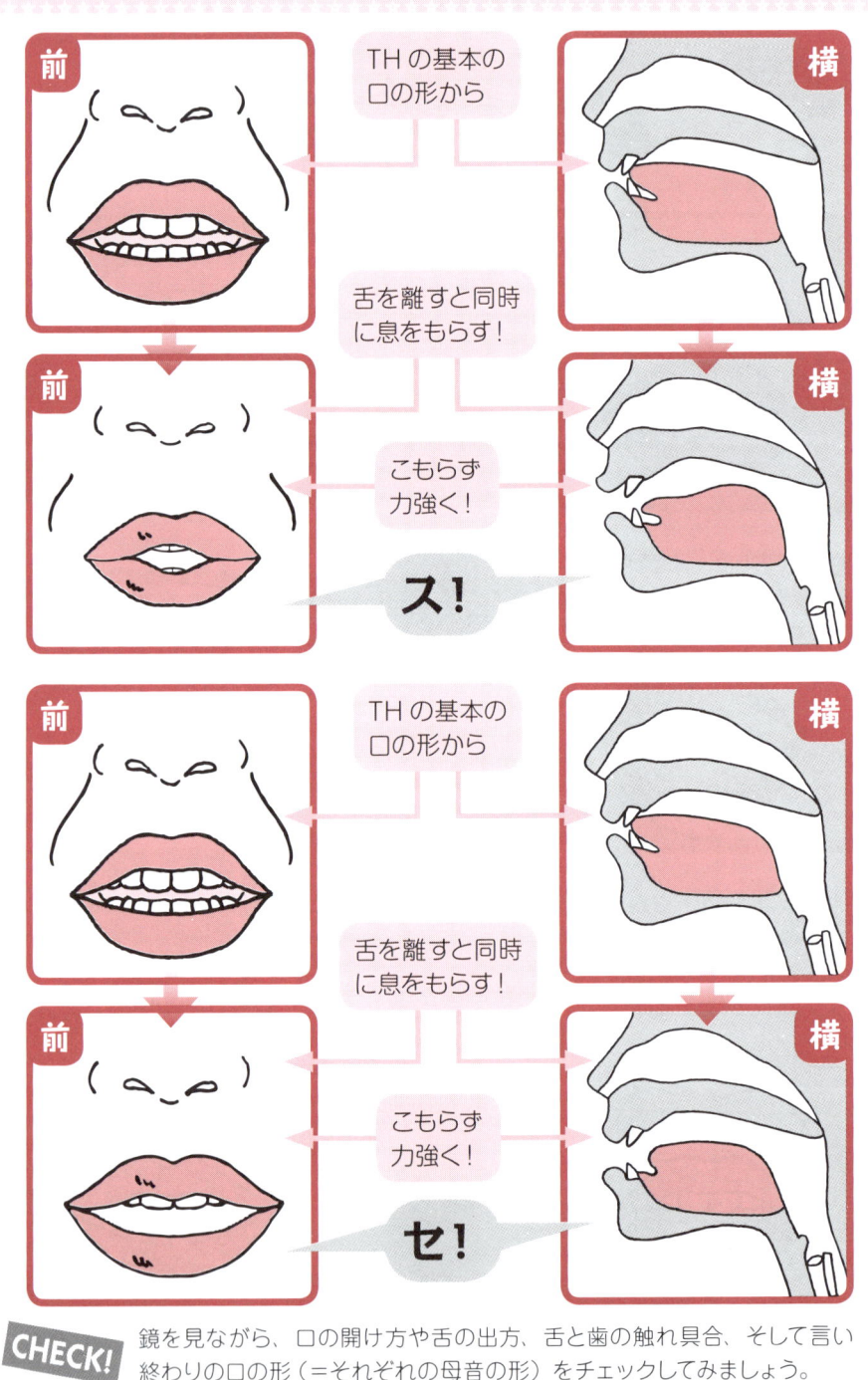

前		横
	THの基本の口の形から	

舌を離すと同時に息をもらす！

こもらず力強く！

ス！

前		横
	THの基本の口の形から	

舌を離すと同時に息をもらす！

こもらず力強く！

セ！

CHECK! 鏡を見ながら、口の開け方や舌の出方、舌と歯の触れ具合、そして言い終わりの口の形（＝それぞれの母音の形）をチェックしてみましょう。

★ CHAPTER 4

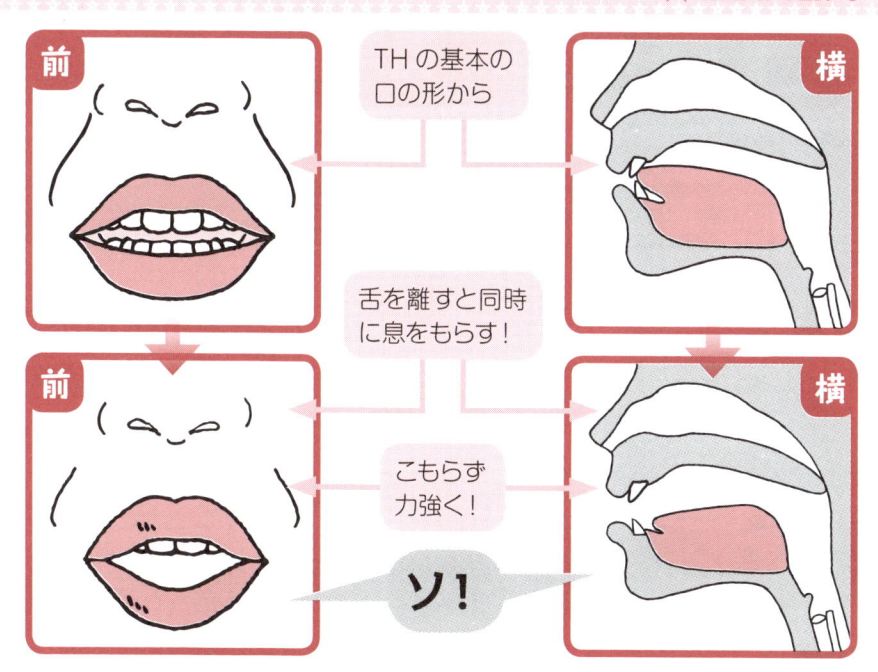

前 | TH の基本の口の形から | 横

舌を離すと同時に息をもらす！

前 | こもらず力強く！ | 横

ソ！

英語の音トレ　単語で「TH」音トレーニング！ CD 1-43

「TH」の音を含む単語を発音してみましょう。
舌と歯の位置を意識しつつ言ってみてください。

1. □ **th**ank [θǽŋk] 感謝 　　□ **th**umb [θʌ́m] 親指
2. □ **th**ink [θíŋk] 考える　　□ **th**ick [θík] 厚い
3. □ **th**rough [θrúː] 〜を通して　□ **th**rew [θrúː] throw（投げる）の過去形
4. □ **th**erapy [θérəpi] 治療　　□ **th**erapist [θérəpist] セラピスト
5. □ **th**ought [θɔ́ːt] 考え　　□ **th**orn [θɔ́ːrn] とげ

63

THの音② 有声音の[ð]

STEP 1　基本の口の形を作る　CD 1-44

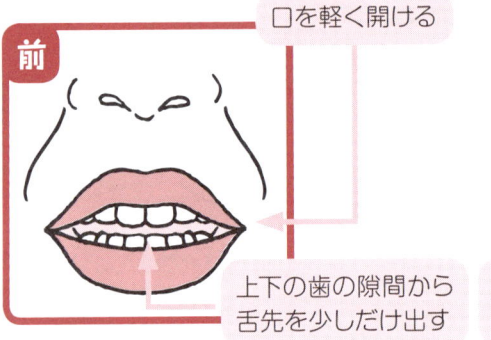

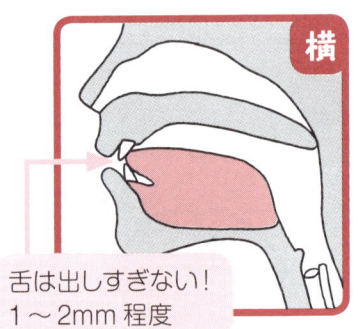

口を軽く開ける

前／横

上下の歯の隙間から舌先を少しだけ出す

舌は出しすぎない！
1〜2mm 程度

CHECK! ここは [θ] のときと全く同じ形。「上下の歯で舌を軽く噛む」というよりは「**上下の歯の隙間を舌で軽く埋める**」という感じを心がけて。

STEP 2　空気を出す　CD 1-44

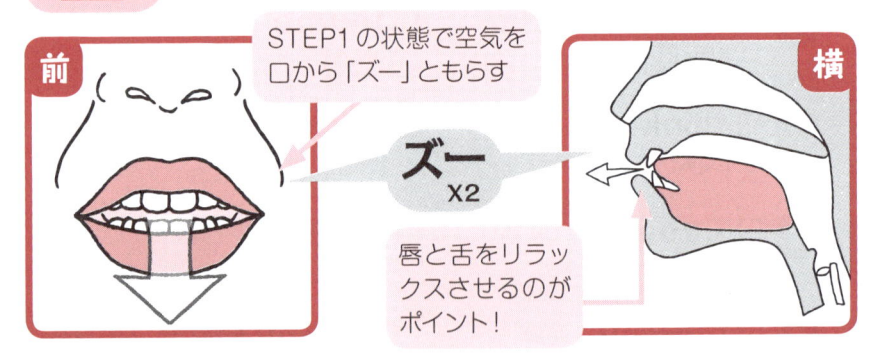

STEP1の状態で空気を口から「ズー」ともらす

ズー x2

唇と舌をリラックスさせるのがポイント！

CHECK! ここでも空気のもれは舌腹と上歯の間で起きるはず。また「ズー」と言うことで、上歯に当たる舌腹部分の振動が [θ] のときよりは増幅されることから、少しくすぐったく感じるはずです。そうならないときは上歯を舌に強く当てすぎなのでもう少しゆるめましょう。

★ CHAPTER 4

STEP 3 「ザ・ジ・ズ・ゼ・ゾ」レッスン
CD 1-45

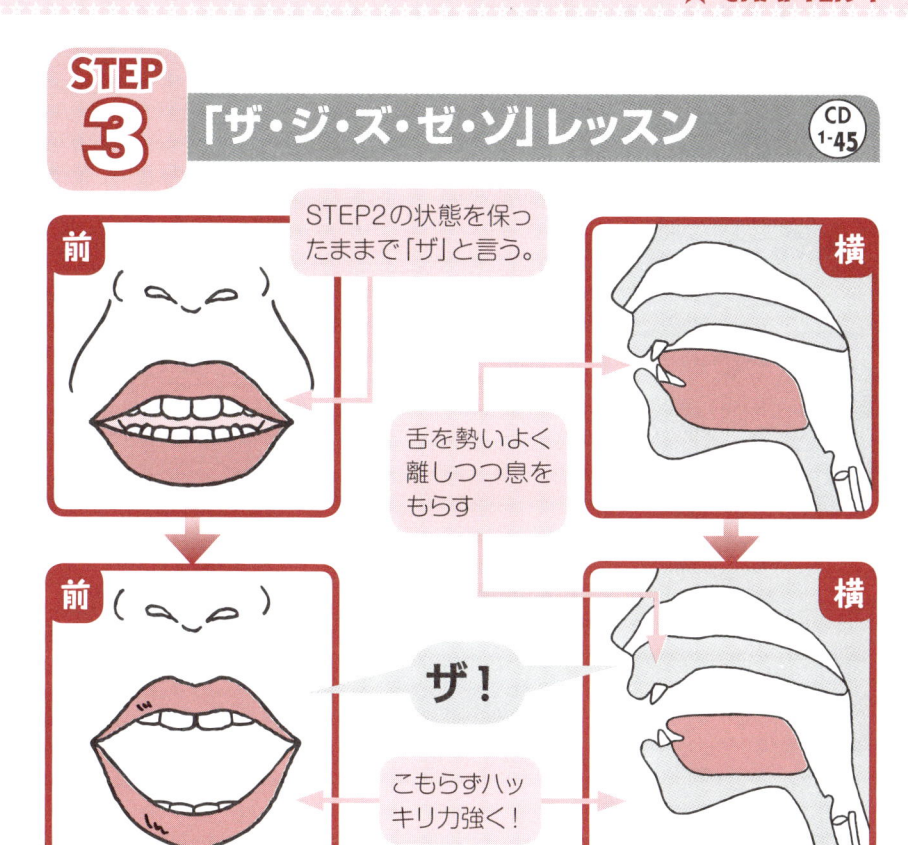

前 STEP2の状態を保ったままで「ザ」と言う。

横 舌を勢いよく離しつつ息をもらす

前 → ザ！ ← **横**

こもらずハッキリ力強く！

CHECK! 鏡を見ながら、**口の開け方や舌の出方、舌と歯の触れ具合、言い終わりの口の形**（＝それぞれの母音の形）をチェックしてみましょう。

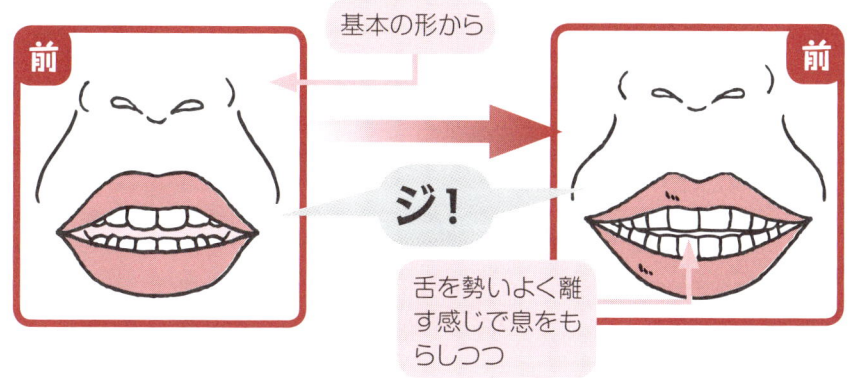

前 基本の形から → **前**

ジ！

舌を勢いよく離す感じで息をもらしつつ

65

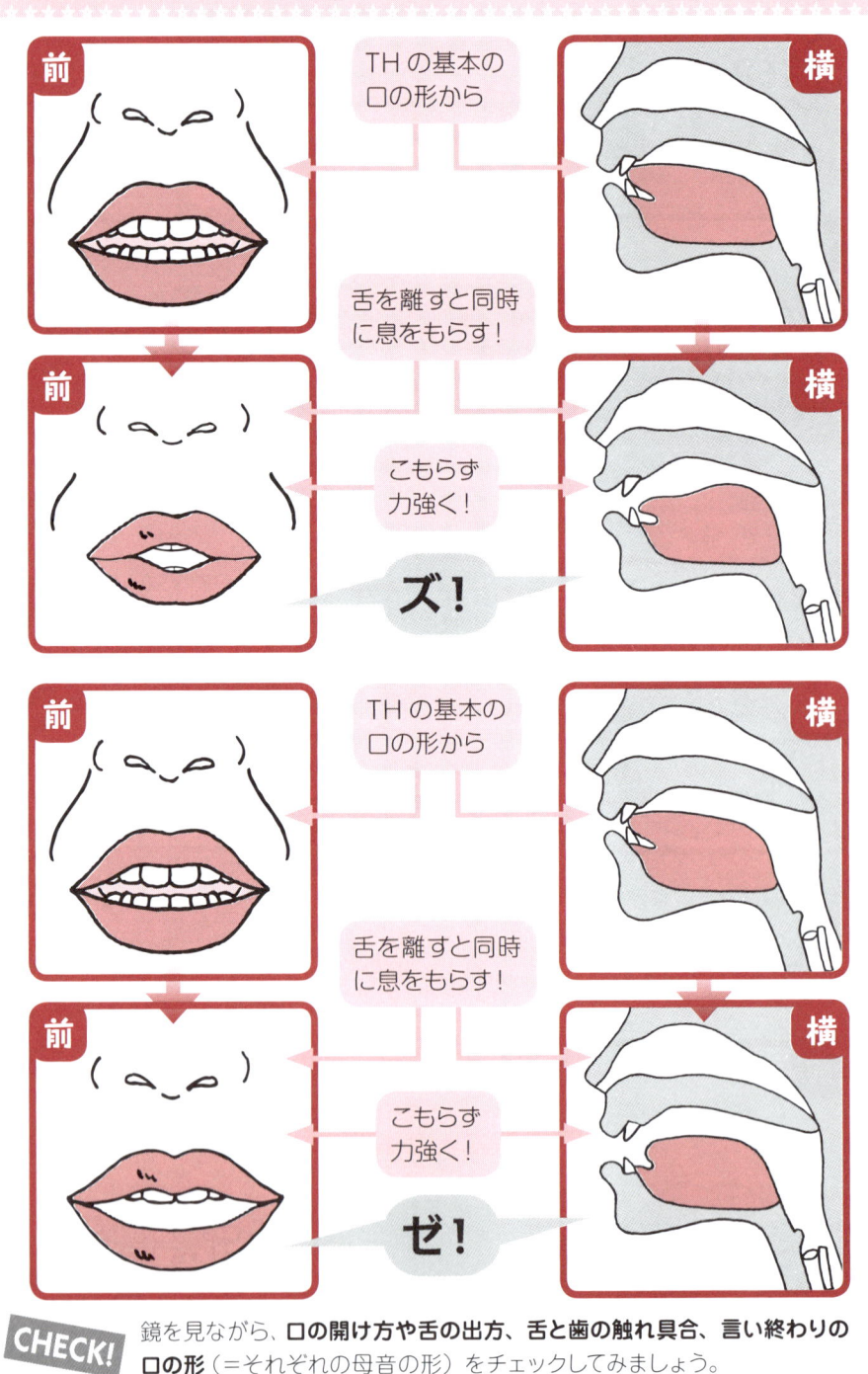

前		横
(図)	THの基本の口の形から	(図)
↓	舌を離すと同時に息をもらす！	↓
前		横
(図)	こもらず力強く！ ズ！	(図)

前		横
(図)	THの基本の口の形から	(図)
↓	舌を離すと同時に息をもらす！	↓
前		横
(図)	こもらず力強く！ ゼ！	(図)

CHECK! 鏡を見ながら、**口の開け方や舌の出方、舌と歯の触れ具合、言い終わりの口の形**（＝それぞれの母音の形）をチェックしてみましょう。

★ CHAPTER 4

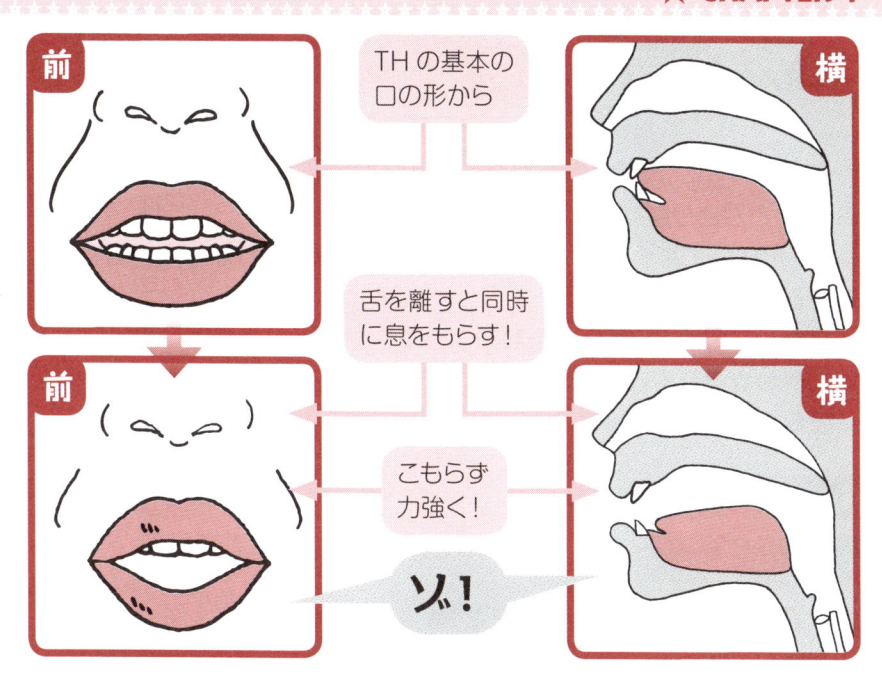

前　TH の基本の口の形から　横

舌を離すと同時に息をもらす！

前　こもらず力強く！　横

ゾッ！

英語の音トレ　単語で「TH」音トレーニング！　CD 1-46

「TH」の音を含む単語を発音してみましょう。
舌と歯の位置を意識しつつ言ってみてください。

1	☐ **th**at [ðǽt]	あれ	☐ **th**e [ðə]	その
2	☐ **th**ese [ðíːz]	これら	☐ **th**is [ðís]	これ
3	☐ **th**em [ðə́m]	彼らを；それらを	☐ **th**ere [ðɛ́ər]	そこに
4	☐ **th**ough [ðóu]	〜にもかかわらず	☐ **th**ose [ðóuz]	それら

67

英語の音トレ 単語 ▶ 文 トレーニング

「TH」の音には、「無声音（Unvoiced）の [θ]」と「有声音（Voiced）の [ð]」とがあります。単語と文の中の、有声音の「TH」には ㊅、無声音の「TH」には ㊇ のマークをつけました。各々しっかり区別して発音できるよう練習しましょう。

またこの音は、**一見目立たないようですが、日常会話では驚くほど頻繁に使われる音**ですから、ごく自然に発音できるようになるまで根気よく練習しましょう。

Let's Try ! (CD 1-47)

「TH」の音を含む単語と文を CD で聴いて、後に続いて言ってみましょう。

1 【単語】
- brother [brʌ́ðər] 兄；弟 → ㊅
- these [ðíːz] これら → ㊅
- things [θíŋz] thing（もの）の複数形 → ㊇

【文】 **My brother loves these things.**
　　　　　　　㊅　　　　　㊅　　　㊇

（私の兄［弟］はこんなもの（たち）が大好き）　　目標タイム：2秒

2 【単語】
- third [θə́ːrd] 第3番目の；第3回目の → ㊇
- the [ðə] その；この；あの；例の → ㊅

【文】 **Third time is the charm.**（3度目の正直）
　　　 ㊇　　　　　　　　㊅
　　　　　　　　　　　　　　　　　目標タイム：2秒

《ポイント！》「3度目こそが魅力」といったもので、日本語の「3度目の正直」と同じ感覚で使われる格言的表現です。

★ CHAPTER 4

3 単語 ☐ the [ði] [ðə] その；この；あの；例の → 有
☐ earth [ə́ːrθ] 地球 → 無

文 **The earth doesn't go around the moon,**
  　有　　　　無　　　　　　　　有

the moon goes around the earth.
　有　　　　　　　　有　　　無

（地球が月の周りを回るんじゃなく、月が地球の周りを回るんだ）

目標タイム：4秒

《ポイント！》定冠詞 the は通常は [ðə] 発音しますが、その直後に来る単語が母音で始まるときは、[ði] と発音されます。

4 単語 ☐ wealth [wélθ] 富 → 無　　☐ health [hélθ] 健康 → 無
☐ both [bóuθ] 両方 → 無

文 **Wealth and health are both important.**
　無　　　　　無　　　　　無

（富と健康はどちらも大切です）

目標タイム：3秒

5 単語 ☐ them [ðém] 彼らに → 有
☐ their [ðɛ́ər] 彼らの → 有
☐ birthdays [bə́ːrθdèiz] birthday（誕生日）の複数形 → 無

文 **I'd like to ask them about their birthdays.**
　　　　　　　　有　　　　有　　　無

（私は彼らに彼らの誕生日について質問したい）

目標タイム：3秒

6 単語 ☐ Thanksgiving [θǽŋksgíviŋ] 感謝祭 → 無
☐ with [wíð] 〜と → 有

文 **I'd like you to spend Thanksgiving with me.**
　　　　　　　　　　　　　無　　　　　　有

（私はあなたに一緒に感謝祭を過ごしてもらいたいんだけど）

目標タイム：3秒

69

7 **単語**
- there [ðέər] そこ → 有
- three [θríː] 3 → 無
- mother [mʌ́ðər] 母 → 有
- thirty [θə́ːrti] 30 → 無

文 I'll be there before three and my mother will be there by three-thirty.
（私はそこに3時前に、そして私の母は3時半までには行きます）
目標タイム：4秒

8 **単語**
- this [ðís] これ；この → 有
- thick [θík] 厚い → 無
- that [ðǽt] あれ；あの；それ；その → 有
- thin [θín] 薄い → 無

文 This thick one is mine and that thin one is yours.
（この厚いのが僕の、そして、その薄いのが君の）
目標タイム：3.5秒

9 **単語**
- father [fάðər] 父 → 有
- that [ðǽt] あれ → 有
- those [ðóuz] あれら → 有
- things [θíŋz] thing（物）の複数形 → 無

文 Don't worry. Your father knows that you need all those things.
（心配しなくても大丈夫。君のお父さんは君にはそれら全部が必要だって分かってるから）
目標タイム：4秒

CHAPTER 5
最重要子音：「F」と「V」の音

無声音の「F」と有声音の「V」は、発音するときの口の形や舌の状態は同じで、出す音をにごらせるかどうかで違いを出します。上の歯と下唇が接する場所に注意して、ていねいに習得していきましょう。

Fの音 [f] ・・・・・・・・・・・・・・・・・・・・・・・・・・・・・ 72
英語の音トレ！　単語▶文トレーニング ・・・・・・ 76
Vの音 [v] ・・・・・・・・・・・・・・・・・・・・・・・・・・・・・ 78
英語の音トレ！　単語▶文トレーニング ・・・・・・ 82
英語の音トレ！　「F」＆「V」合同トレーニング ・・・ 84

Fの音 = [f]

STEP 1 基本の口の形を作る！
CD 1-48

前：口を軽く開けて、**下唇の中心から内側**に上の歯が軽く当たるまで下唇とアゴを上げる

横：口の上の方は余り動かさない

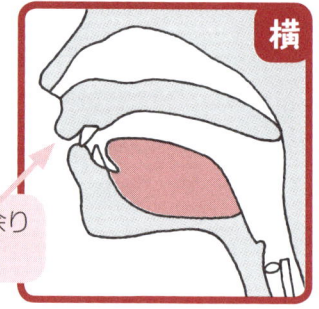

CHECK! 口を開けるとアゴは自然に下がります。その**下がったアゴを下唇が上歯に軽く触れるまで上げる感覚**です。そのとき上歯が当たる部分は人によって多少異なるでしょうが、**下唇の中心か**、**それより内側**になるようにしましょう。

音のコツ ●● 下唇の「内」と「外」

　「F」や「V」の音について、「下唇を噛んで…」といった説明を良く耳にしますね。ですが、わたしたち日本人にとって「下唇を噛む」という行為を自発的にするのは、せいぜい「悔しい思いをしたとき」ぐらいでしょうか。そしてそんなときは、歯を下唇の外側に出して下唇を巻き込む感じでしっかり、かなり強めに噛みますよね。そしてこのクセが英語の「F」「V」を発音する際に出てしまっている学習者はけっこう多いようです。
　しかし「F」と「V」を発音するとき、**下唇は絶対に噛みません。上歯に当てるだけ、それもごくごく軽く!!**
　ここでちょっと鏡を手に、下唇の構造を見てみましょう。皆さんの下唇は外側の渇いた部分と、内側の湿っている部分の2つに分かれていませんか？　「V」と「F」を発音する際には、この内側と外側の境目よりも内側に、前歯を当てるようにして下さい。
　女性で言うと口紅を塗るのが「下唇外側」塗らないのが「下唇内側」そしてその境界線が「下唇中心」と考えると分かりやすいかもしれません。

★ CHAPTER 5

STEP 2 「ファ」音で発声練習！ (CD 1-48)

前

STEP1の口の状態から「ファ・ファ・ファ」と何度か言う

横

ここでも動かすのは口下半分のみ！

アゴだけを上下させる

前

横

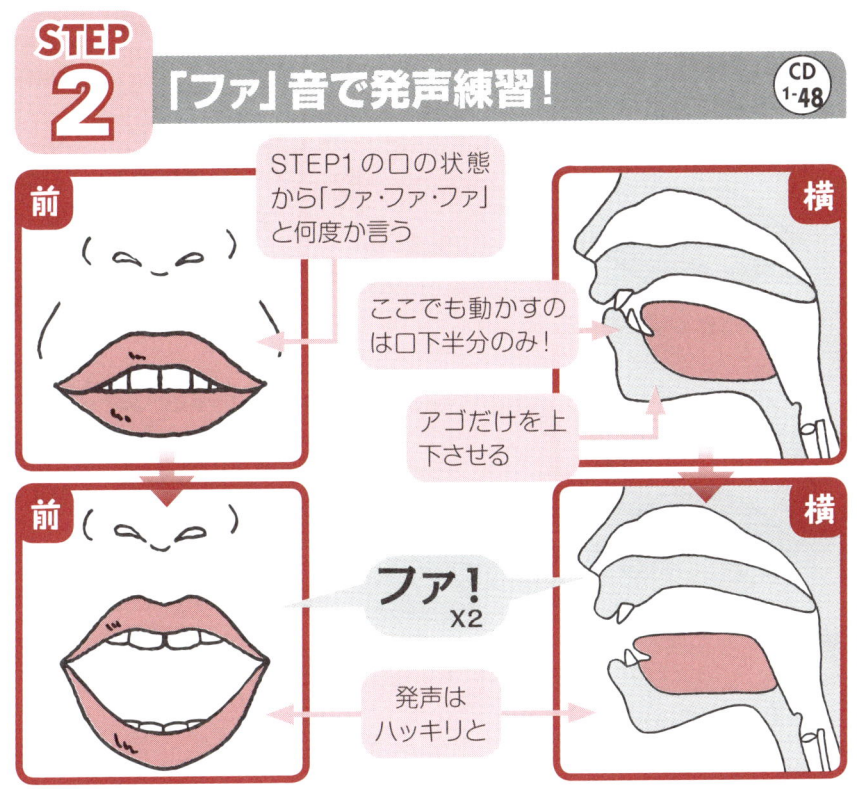

ファ！ ×2

発声はハッキリと

CHECK! 上歯が当たる下唇の位置を鏡で確認してみましょう。**歯の位置は、最低でも下唇中心、できればそれより若干内側**にくるよう調整してください。

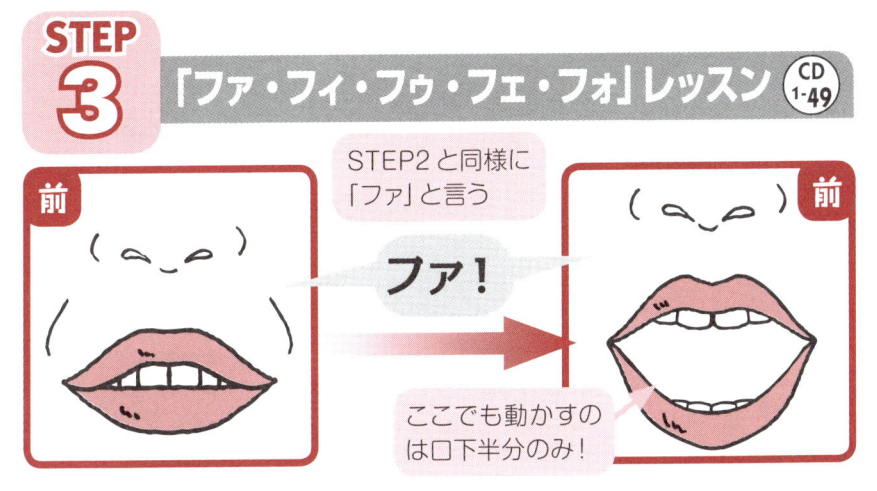

STEP 3 「ファ・フィ・フゥ・フェ・フォ」レッスン (CD 1-49)

前

STEP2と同様に「ファ」と言う

ファ！

前

ここでも動かすのは口下半分のみ！

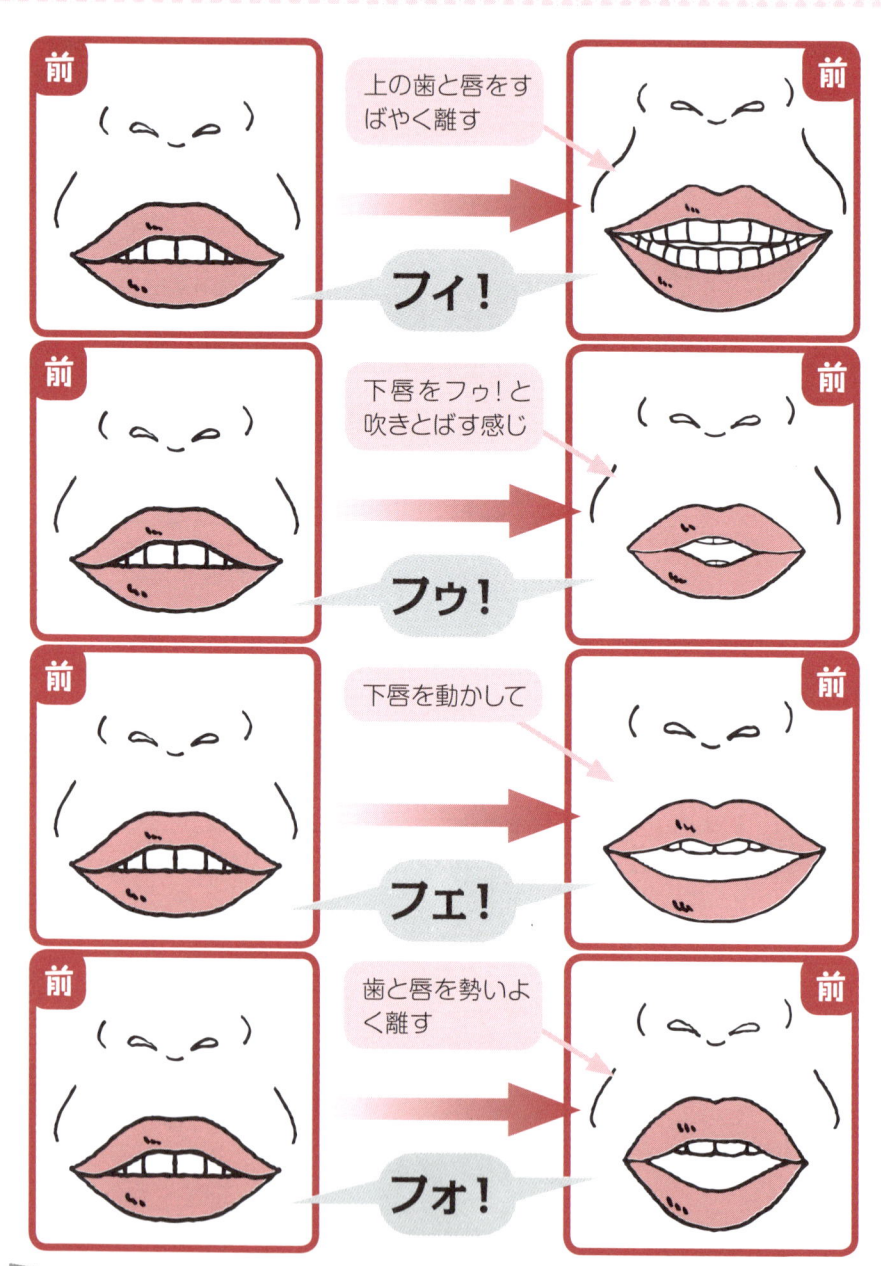

前	上の歯と唇をすばやく離す → フィ！	前
前	下唇をフゥ！と吹きとばす感じ → フゥ！	前
前	下唇を動かして → フェ！	前
前	歯と唇を勢いよく離す → フォ！	前

CHECK! **上歯が下唇に当たる圧力が強すぎないよう注意**しましょう。強調したり興奮したりなどの特殊な状況を除いては、**ごくごく軽く当てる感じで。軽ければ軽いほど good！**です。鏡で上の歯と唇の位置関係を確認しましょう！

★ CHAPTER 5

英語の音トレ 単語で「F」音トレーニング！

CD 1-50

「F」の音を含む単語を発音してみましょう。
舌と歯の位置を意識しつつ言ってみてください。

1. **f**amily [fǽməli] 家族
2. **f**inger [fíŋgər] 指
3. **f**ull [fúl] いっぱいの
4. **f**erry [féri] 渡し船；フェリー
5. **f**ollow [fálou] 〜の次に来る
6. enou**gh** [inʌ́f] 十分な
7. **ph**otogra**ph**er [fətágrəfər] 写真家
8. tele**ph**one [téləfòun] 電話
9. lau**gh** [lǽf] 笑う
10. **ph**ase [féiz] 様相；面
11. **f**ine [fáin] 良い
12. **f**itness [fítnis] 健康状態
13. **f**ul**f**ill [fulfíl] 実行する；果たす

> この音のつづり字は、f 以外には ff、ph、gh などがあります。ただし、gh というつづり字は、すべてが [f] という音になるわけではないので、そのつど単語ごとに覚えましょう。

英語の音トレ 単語 ▶ 文 トレーニング

Let's Try！ CD 1-51

「F」の音について、まずは単語で、次に文の一部として発音してみましょう。

1 単語 ☐ fish [fíʃ] 魚
☐ awful [ɔ́ːfəl] 酷い

文 **This fish tastes awful.**
（この魚は酷い味がする）　　目標タイム：2秒

2 単語 ☐ muffins [mʌ́finz] muffin（マフィン）の複数形
☐ coffee [kɔ́ːfi] コーヒー

文 **I like muffins with my coffee.**
（私はコーヒーと一緒にマフィンを食べるのが好き）
目標タイム：2.5秒

3 単語 ☐ funny [fʌ́ni] 面白い；変な；滑稽な
☐ laughing [lǽfiŋ] laugh（笑う）の現在分詞形
☐ off [ɔ́ːf] 離れて

文 **He was so funny, I was laughing my head off.**
（彼って本当に面白くて、大笑いしちゃったよ）　目標タイム：3秒

《ポイント！》laugh one's head off は「その人の頭を抱えて笑う；大笑いする」というイディオム。

4 単語 ☐ proof [prúːf] 証拠
☐ left [léft] 残った；残された

文 **This may be the only proof left.**
（これが唯一残っている証拠かもしれない）　目標タイム：2秒

★ CHAPTER 5

5 単語
- cellphone [sélfòun] 携帯電話
- 4 (four) [fɔ́ːr] 数字の4

文 **Call me on my cellphone. The number is 090-4422-2134.**
（携帯の方に電話して。番号は 090-4422-2134 です）
目標タイム：6秒

《ポイント！》携帯電話は、アメリカでは cellphone、イギリスでは mobilephone と呼ぶのが一般的です。

6 単語
- face [féis] 顔
- puffy [pʌ́fi] ふくれた；息の切れた

文 **My face is all puffy today.**
（今日私顔がむくんでる）
目標タイム：2.5秒

7 単語
- foolish [fúːliʃ] 分別のない

文 **Foolish people do foolish things.**
（馬鹿げた人は馬鹿げたことをやる）
目標タイム：2秒

8 単語
- professional [prəféʃənl] 職業の
- photographers [fətágrəfərz] photographer (写真家) の複数形
- photos [fóutou] photo (写真) の複数形

文 **Not even professional photographers can take good photos a hundred percent of the time.**
（たとえプロのカメラマンでも毎回100％いい写真が撮れるわけではない）
目標タイム：4.5秒

9 単語
- found [fáund] find (見つける) の過去形
- giraffe [dʒəráef] キリン
- graphics [gráefiks] グラフィックス；画像

文 **I found these giraffe graphics on the web.**
（ネットでこれらのキリンのグラフィックを見つけた）
目標タイム：3秒

Vの音 = [v]

STEP 1 基本の口の形を作る！
CD 1-52

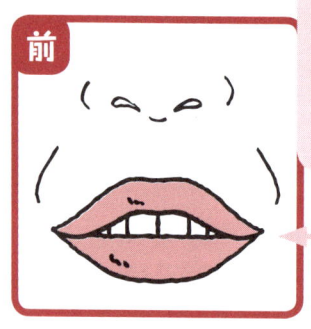

前

口を軽く開けて、**下唇の中心から内側**に上の歯が軽く当たるまで下唇とアゴを上げる

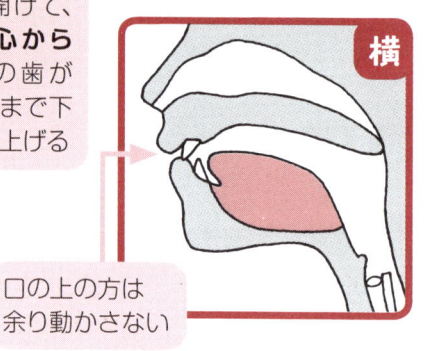

横

口の上の方は余り動かさない

CHECK! ここは [f] のときと全く同じ形。ここでも**上歯が当たる部分は下唇の中心か、それより内側**になるようにしましょう。

音のコツ ●● 英語らしい発音と子音

「F」と「V」の音について、今回、「ファ・フィ・フゥ・フェ・フォ」および「ヴァ・ヴィ・ヴゥ・ヴェ・ヴォ」という音を使って発音レッスンをしています。これは主に、単語の最初や途中で出てくる「F」や「V」で、直後に母音が来る場合に有効なレッスンです。

対して、単語の最後や子音の前に来る「F」と「V」の音には注意が必要です。10ページでも触れましたが、私たち日本人にとっての「子音」は「子母音」であることから、つい、最後の音に母音を伴ってしまいがちです。どういうことかというと、たとえば、「half」を [hɑːfu] のように、「five」を [faivu] のように、最後に [u] という母音をくっつけてしまうのです。

英語らしい発音を目指すなら、単語の最後や子音の前に来る子音の後ろに母音をつけてしまわないように、「F」や「V」だけにとどまらず、子音全般に関して普段から意識して発音するように心がけましょう。

★ CHAPTER 5

STEP 2 「ヴァ」音で発声練習！ CD 1-52

前

STEP1の口の状態から「ヴァ・ヴァ・ヴァ」と何度か言う

ここでも動かすのは口下半分のみ！

横

アゴだけを上下させる

前

ヴァ！ ×2

横

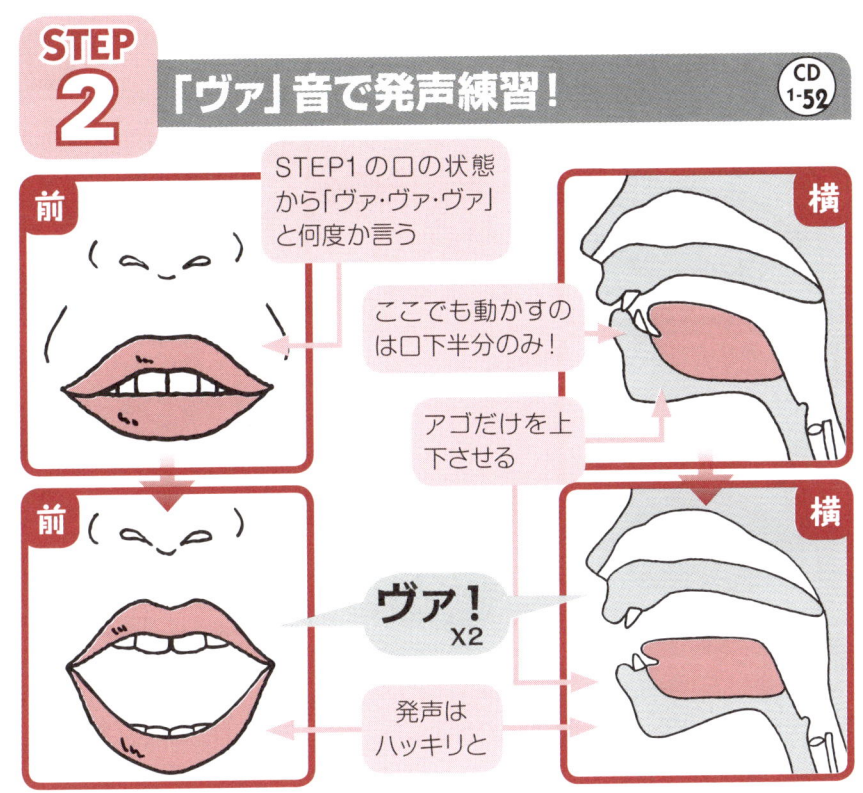

発声はハッキリと

CHECK! ここでも [f] 同様、上歯が唇に当たる圧力が重要。ただ、[f]（無声音）が [v]（有声音）に代わったことで、圧力が多少強いと感じるかもしれませんが、**できるだけ軽く、自然な感じで行う**ようにしてください。

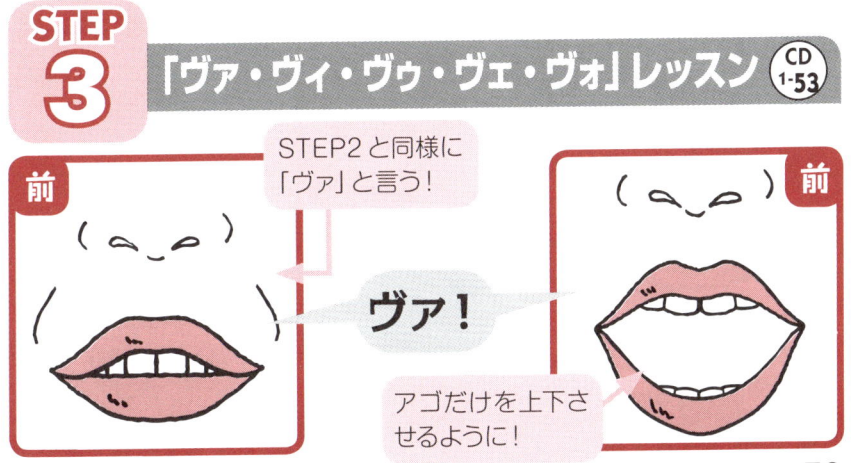

STEP 3 「ヴァ・ヴィ・ヴゥ・ヴェ・ヴォ」レッスン CD 1-53

前

STEP2と同様に「ヴァ」と言う！

ヴァ！

前

アゴだけを上下させるように！

上の歯と唇をすばやく離す

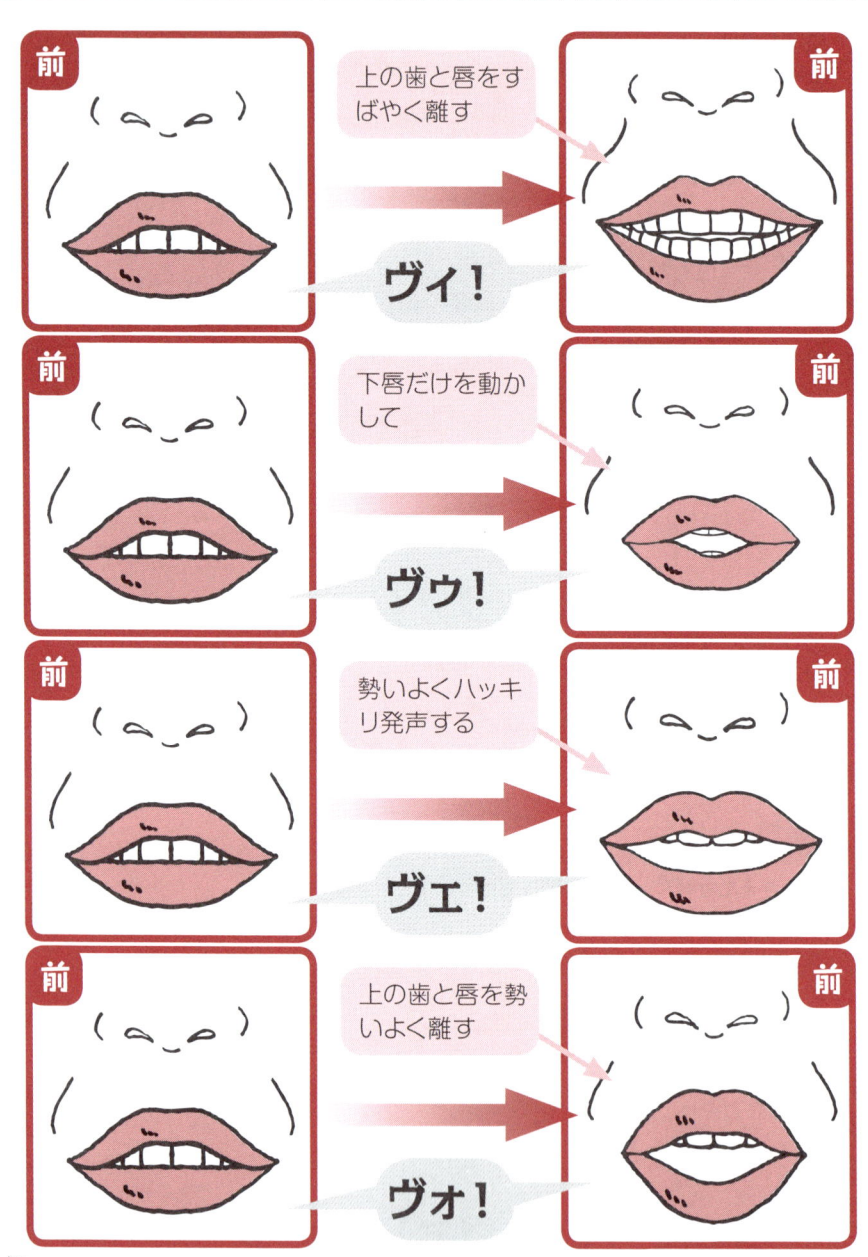

ヴィ!

下唇だけを動かして

ヴゥ!

勢いよくハッキリ発声する

ヴェ!

上の歯と唇を勢いよく離す

ヴォ!

CHECK! ここでもやはり**上歯が下唇に当たる圧力が強すぎないよう注意**！〔v〕と〔f〕とでは、上の歯の位置が異なるかもしれませんが、「下唇の内側」に下がるのであれば全く問題ありません。鏡を見て確認しましょう。

★ CHAPTER 5

英語の音トレ 単語で「V」音トレーニング！

CD 1-54

「V」の音を含む単語を発音してみましょう。
舌と歯の位置を意識しつつ言ってみてください。

1	**v**an	[vǽn]	トラック；ライトバン
2	in**v**itation	[ìnvətéiʃən]	招待
3	**v**oodoo	[vúːduː]	ブードゥー教
4	ad**v**enture	[ædvéntʃər]	冒険
5	di**v**orce	[divɔ́ːrs]	離婚する
6	ele**v**ator	[éləvèitər]	エレベーター
7	re**v**eal	[rivíːl]	明かす；打ち明ける
8	lea**v**e	[líːv]	去る；離れる
9	e**v**ening	[íːvniŋ]	晩
10	gi**v**e	[gív]	与える
11	en**v**y	[énvi]	ねたみ；ねたむ
12	in**v**ert	[invə́ːrt]	上下を逆にする
13	twel**v**e	[twélv]	12

> この音のつづり字は、v が基本ですが、of という単語の f の音は、[f] ではなく [v] です。

英語の音トレ

単語 ▶ 文 トレーニング

Let's Try! [CD 1-55]

「v」の音について、まずは単語で、次に文の一部として発音してみましょう。

1
- 単語: □ **v**i**v**a [víːvə] 万歳
- □ Las **V**egas [lɑːs véigəs] ラスベガス
- 文: **V**iva Las **V**egas.（ラスベガス万歳） 〔目標タイム：2秒〕

2
- 単語: □ '**v**e got [əv gát] 得た；持った
- □ **v**ote [vóut] 票下に
- 文: You'**v**e got my **v**ote.
  （あなたは私の一票を得た＝私はあなたを支持する） 〔目標タイム：2秒〕

> 《ポイント！》You've got my vote. は同意を表すときによく使われる決まり文句の一つです。また "'ve got" は "have got" の短縮です。

3
- 単語: □ ri**v**er [rívər] 川   □ **v**alley [væli] 谷
- 文: There is a ri**v**er running in the **v**alley below.
  （下の谷には川が流れている） 〔目標タイム：3秒〕

4
- 単語: □ pro**v**ide [prəváid] 提供する
- □ **v**ideo games video game（テレビゲーム）の複数形 [vídiou gèimz]
- □ pay-per-**v**iew mo**v**ies 番組有料視聴制映画＝有料映画 [péi pər vjúː múːviz]
- 文: We pro**v**ide **v**ideo games and pay-per-**v**iew mo**v**ies.
  （私どもはテレビゲームと有料映画サービスを提供している） 〔目標タイム：4秒〕

★ CHAPTER 5

5 〔単語〕 □ the Vice-President [ðə váis prézədənt] 副大統領
□ of [əv] 〜の
□ visited [vízitid] visit（訪れる）の過去・過去分詞形
□ university [jù:nəvə́:rsəti] 大学；総合大学
□ November [nouvémbər] 11月

〔文〕 **The Vice-President of the United States visited our university last November.** 　〔目標タイム：5.5 秒〕
（アメリカ合衆国副大統領が昨年11月に私たちの大学を訪れた）

6 〔単語〕 □ invitation [ìnvətéiʃən] 招待
□ voters [vóutərz] voter（有権者）の複数形

〔文〕 **We wish to extend an invitation to all voters.**
（我々は有権者全員を招待することを希望する）　〔目標タイム：3 秒〕

7 〔単語〕 □ have [həv] 持つ
□ ever [évər] いつも；かつて
□ adventure [ædvéntʃər] 冒険

〔文〕 **Have you ever had an adventure?**
（あなたは今までに冒険をしたことがある?）　〔目標タイム：2 秒〕

8 〔単語〕 □ volume [válju:m] 体積；量
□ TV [tí:ví:] テレビ

〔文〕 **Turn the volume down on the TV.**
（テレビのボリュームを下げて）　〔目標タイム：2 秒〕

英語の音トレ 「F」&「V」合同トレーニング

Let's Try!
🎵 CD 1-56

「F」の音と「V」の音が混在したエクササイズにチャレンジしましょう。ここでも同じように、まずは単語で、次に文の一部として発音してみましょう。

1 単語
- □ **tough** [tʌ́f] 困難な；きつい
- □ **avoid** [əvɔ́id] 避ける

文 It's tough to avoid you guys.
（君たちを避けるのは難しい）
目標タイム：2秒

2 単語
- □ **one-fifth** [wʌ́n fífθ] 五分の一
- □ **of** [əv] 〜の
- □ **twenty-five** [twénti fáiv] 25
- □ **five** [fáiv] 5

文 One-fifth of twenty-five is five.
（25の五分の一は5）
目標タイム：3秒

3 単語
- □ **have** [həv]（過去分詞を伴い）〜した
- □ **saved** [séivd] save（保存する）の過去・過去分詞形
- □ **graphic** [grǽfik] 図を用いた；写実的な
- □ **files** [fáilz] file（書類；文書；ファイル）の複数形

文 Have you saved those graphic files?
（それらの図形ファイルもう保存した？）
目標タイム：3秒

4 単語
- □ **favorite** [féivərit] お気に入りの；好きな
- □ **flavor** [fléivər] 味；フレーバー
- □ **of** [əv] 〜の

文 What is your favorite flavor of ice cream?
（あなたの好きなアイスクリームのフレーバーは何？）
目標タイム：3.5秒

★ CHAPTER 5

5 単語
- love [lǽv] 大好き
- vanilla [vəníla] バニラ
- frosting [frɔ́:stiŋ] 糖衣；フロスティング

文 **I love vanilla cake with strawberry frosting.**
（私はイチゴ糖衣がけのバニラケーキが大好き） 目標タイム：3秒

6 単語
- vending machines [véndiŋ məʃí:nz] 自販機
- first floor [fə́:rst flɔ́:r] 1階

文 **The vending machines are on the first floor.**
（自販機は1階にある） 目標タイム：3秒

7 単語
- fantastic [fæntǽstik] 素晴らしい；素敵な
- unforgettable [ʌ̀nfərgétəbl] 忘れられない；記憶に残る
- vacation [veikéiʃən] 休暇

文 **I just had a fantastic and unforgettable vacation.**
（私は記憶に残る素敵な休暇を過ごしたばかり） 目標タイム：4秒

8 単語
- forgot [fərgát] forget（忘れる）の過去形
- seventh [sévənθ] 7回目の
- anniversary [æ̀nəvə́:rsəri] 記念日

文 **We completely forgot about our seventh wedding anniversary.**
（私たちは7年目の結婚記念日のことをすっかり忘れていた）
目標タイム：4秒

85

9 **単語** ☐ **f**oxy [fáksi] セクシーな ☐ **v**oxy [váksi] 度を超した

文 **There are foxy ladies and there are voxy ladies.**
（イケてる女性もいればイケすぎてる女性もいる） 目標タイム：3秒

10 **単語** ☐ **f**ond [fánd] とても好んで
☐ **of** [əv] 〜の
☐ **v**olleyball [válibɔːl] バレーボール
☐ **sci-fi DVDs** sci-fi DVD（SFのDVD）の複数形
  [sáifái díː víː díːz]

文 **I'm fond of volleyball and sci-fi DVDs.**
（私はバレーボールとSFのDVDが好きだ） 目標タイム：3秒

11 **単語** ☐ **h**ave [həv] 持つ
☐ **f**allen [fɔ́ːlən] fall（落ちる）の過去分詞形
☐ **l**ove [láv] 愛している

文 **Yes, they have fallen in love. No doubt about it.**
（そう、彼らは間違いなく恋に落ちたのだ） 目標タイム：3秒

12 **単語** ☐ **f**antastic [fæntǽstik] とてもすばらしい
☐ **f**antabulous [fæntǽbjuləs] 最高の
☐ **v**iew [vjúː] 眺め

文 **What a fantastic, fantabulous view!**
（なんて素敵な、なんてすばらしい眺めなんだ！） 目標タイム：2.5秒

13 **単語** ☐ **a**vocado [ævəkáːdou] アボカド
☐ **f**ruit [frúːt] 果物
☐ **v**egetable [védʒətəbl] 野菜

文 **Is an avocado a fruit or vegetable?**
（アボカドは果物、それとも野菜？） 目標タイム：2秒

CHAPTER 6
母音：「ア」のような音

ここからは、発音が多少おかしくても通じるか否かのボーダーラインを規準に、母音について学習します。まずは日本語の「ア」のような音からスタートしましょう。

「ア」のような音① [æ] ・・・・・・・・・・・・・・・・・ 88
「ア」のような音② [ʌ] ・・・・・・・・・・・・・・・・・ 90
「ア」のような音③ [ɑ] ・・・・・・・・・・・・・・・・・ 92
「ア」のような音④ [ə] ・・・・・・・・・・・・・・・・・ 94
「ア」のような音⑤ [ɑː][ɑːr] ⑥ [əːr] ・・・・・・・ 96
「ア」のような音⑦ [ai] ⑧ [au] ・・・・・・・・・・・ 98
英語の音トレ！　単語で「アのような音」トレーニング・・100
英語の音トレ！　単語▶文トレーニング ・・・・・・101

「ア」のような音① = [æ]

STEP 1 基本の口の形を作る！ CD 1-57

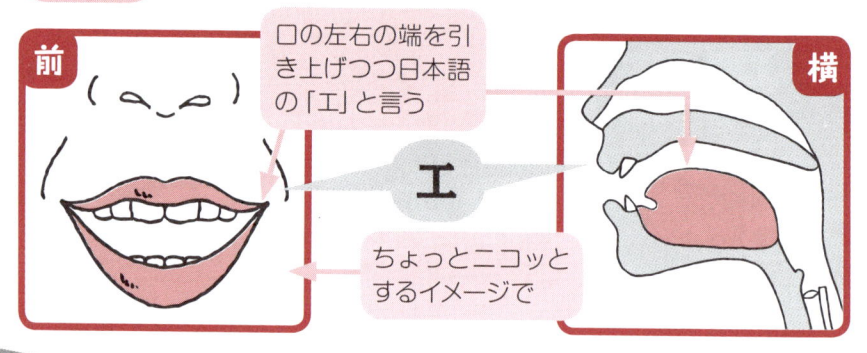

前

口の左右の端を引き上げつつ日本語の「エ」と言う

エ

ちょっとニコッとするイメージで

横

CHECK! この音は発音を間違えると誤解が生じたり、意図が正しく伝わらなかったりする度合いがほかの音より高いので、しっかり身につけておきましょう。

STEP 2 「ア」で発声練習！ CD 1-57

前

STEP1の口の形と舌の位置を保ちつつ「ア」と言う

ア x2

このとき**舌を動かさない**のが最重要ポイント

横

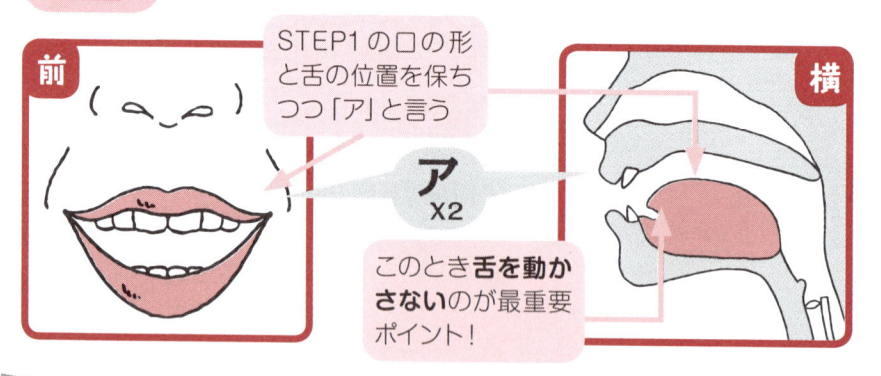

CHECK! 舌がどうしても動いてしまう人は、**舌先を下歯の裏に強く押し当てる**感じで「ア」と言うと、比較的うまくいきます（ただしこれは慣れるまでの一時的な手段です）。つづり字は基本的には **a** です。

★ CHAPTER 6

音のコツ ●● 鏡で舌の位置を徹底チェック！

STEP2で発声する際、鏡を見て、舌の位置と形を変化させずに「ア」と言えているかどうかを確認しましょう。舌が少しでも下がったり、喉奥に引き込まれるようではダメ。

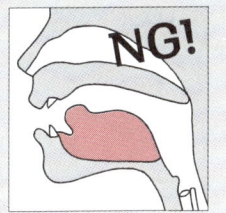

英語の音トレ 単語で [æ] 音トレーニング！ CD 1-58

[æ]の音を含む単語を発音してみましょう。舌の位置を意識しつつ言ってみてください。

#	単語	発音	意味
1	cat	[kǽt]	ネコ
2	animal	[ǽnəməl]	動物
3	apple	[ǽpl]	リンゴ
4	and	[ǽnd]	そして
5	after	[ǽftər]	～後で
6	answer	[ǽnsər]	答え
7	bat	[bǽt]	バット
8	bath	[bǽθ]	入浴；浴槽
9	climax	[kláimæks]	最高潮；絶頂
10	exam	[igzǽm]	試験
11	glass	[glǽs]	ガラス；コップ

89

「ア」のような音② = [ʌ]

STEP 1　日本語の「ア」で大丈夫！

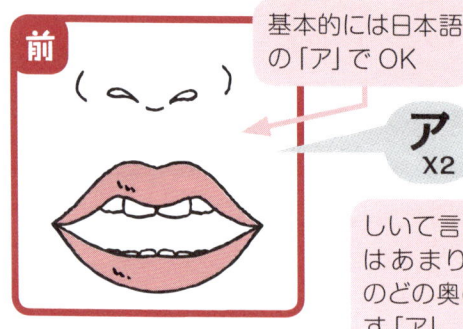

前

基本的には日本語の「ア」でOK

ア ×2

横

しいて言えば、口はあまりあけず、のどの奥の方で出す「ア」

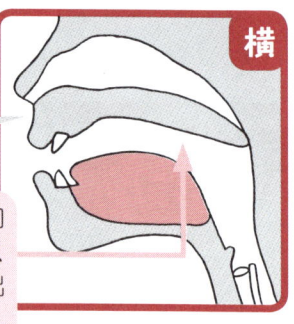

CHECK! この音のつづり字は、**u**、**o**、**ou** などです。

音のコツ ●● 後ろに続く子音の話

　この [ʌ] の音の直後に破裂音の子音が来ると、単語によっては「アッ」のように、詰まりぎみに発音されることもあります。

■破裂音の子音と単語の例■

[p] …tup [tʌ́p] 雄羊；打金　　　[b] …dub [dʌ́b] 〜を…と呼ぶ
[t] …but [bʌ́t] しかし　　　　　[d] …bud [bʌ́d] 芽
[k] …buck [bʌ́k] 雄ジカ　　　　[g] …jug [dʒʌ́g] 水差し

　ただし、同じ破裂音が2つ並んで続くと、ごく普通の「ア」のような音になります。

■連続する破裂音の子音と単語の例■

[p] …puppy [pʌ́pi] 子犬　　　　[b] …dubbing [dʌ́biŋ] ダビング
[t] …butter [bʌ́tər] バター　　　[d] …buddy [bʌ́di] 仲間
[g] …juggle [dʒʌ́gl] 〜を使って曲芸をする

★ CHAPTER 6

英語の音トレ 単語で [ʌ] 音トレーニング！

[ʌ] の音を含む単語を発音してみましょう。CD 音声を真似て何度も言ってみてください。

1	us	[ʌ́s]	私たちを
2	above	[əbʌ́v]	〜より上に
3	onion	[ʌ́njən]	タマネギ
4	other	[ʌ́ðər]	他の；別の
5	tunnel	[tʌ́nl]	トンネル
6	uncle	[ʌ́ŋkl]	叔父
7	under	[ʌ́ndər]	〜の下に
8	upgrade	[ʌ́pgreid]	アップグレード
9	wonder	[wʌ́ndər]	不思議に思う
10	but	[bʌ́t]	しかし
11	become	[bikʌ́m]	〜になる
12	monkey	[mʌ́ŋki]	サル
13	luck	[lʌ́k]	運
14	from	[frʌ́m]	〜から
15	front	[frʌ́nt]	最前列；〜の前に
16	love	[lʌ́v]	愛；愛情

「ア」のような音③ = [ɑ]

STEP 1 日本語の「ア」で大丈夫！

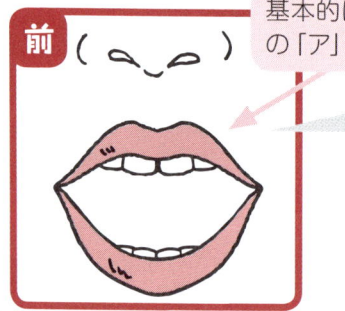

CD 1-61

【前】基本的には日本語の「ア」でOK

ア ×2

しいて言えば、日本語の「ア」より口を大きく縦に開く感じで

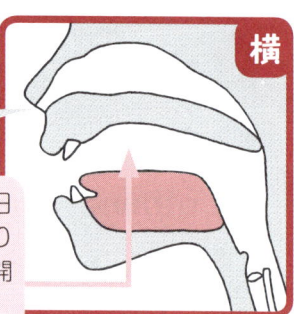

【横】

CHECK! この音のつづり字は、**o** や **a** などです。

音のコツ ●● 後ろに続く子音の話

この [ɑ] の音の直後に破裂音の子音が来ると、単語によっては「アッ」のように、詰まりぎみに発音されることもあります。

■破裂音の子音と単語の例■
[p] …hop [hɑ́p] とぶ；はねる　　[b] …gob [gɑ́b] べとべとのかたまり
[t] …hot [hɑ́t] 暑い　　　　　　[d] …God [gɑ́d] 神
[k] …cock [kɑ́k] おんどり　　　[g] …jog [dʒɑ́g] ジョギングする

ただし、同じ破裂音が2つ並んで続くと、ごく普通の「ア」のような音になります。

■連続する破裂音の子音と単語の例■
[p] …hopper [hɑ́pər] 舞踏者；ぴょんぴょん飛ぶ虫
[b] …gobble [gɑ́bl] 急いで食べる
[t] …hotter [hɑ́tər] hot の比較級　　[d] …goddess [gɑ́dis] 女神
[g] …jogger [dʒɑ́gər] ジョギングする人

★ CHAPTER 6

英語の音トレ　単語で [ɑ] 音トレーニング！　CD 1-69

[ɑ] の音を含む単語を発音してみましょう。CD 音声を真似て何度も言ってみてください。

1	**o**n	[ɑ́n]	〜の上に
2	**o**live	[ɑ́liv]	オリーブ
3	**o**nline	[ɑ́nláin]	オンライン
4	**o**pposite	[ɑ́pəzit]	逆の；反対側の
5	**o**ccupation	[ɑ̀kjupéiʃən]	仕事；業務；職業；生業
6	**o**bvious	[ɑ́bviəs]	明らかな；明白な
7	**o**xygen	[ɑ́kisiʒən]	酸素
8	b**o**x	[bɑ́ks]	箱
9	b**o**dy	[bɑ́di]	からだ
10	cl**o**ck	[klɑ́k]	時計；掛け時計
11	c**o**llege	[kɑ́lidʒ]	大学；学部
12	d**o**g	[dɑ́g]	犬
13	h**o**t	[hɑ́t]	暑い；熱い；辛い；話題の
14	l**o**t	[lɑ́t]	土地；一区画；敷地；沢山
15	n**o**t	[nɑ́t]	〜ではない
16	p**o**ssible	[pɑ́səbl]	可能な；できる

「ア」のような音④ =[ə]

STEP 1　日本語の「ア」で大丈夫！

前

基本的には日本語の「ア」でOK

ア ×2

力まず軽く短めに

日本語の「ア」にもっとも近い感じ

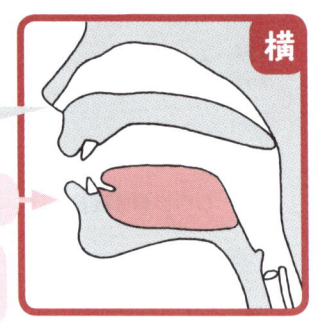

横

CHECK!　この音のつづり字は、a、e、i、o、u、ou などです。

音のコツ ●● 後ろに続く子音の話

　この [ə] の音の直後に破裂音の子音が来ると、単語によっては「アッ」のように、詰まりぎみに発音されることもあります。

■破裂音の子音と単語の例■
[p]…apart [əpάːrt] ばらばらに；離れて
[b]…abide [əbáid] とどまる　　　　[t]…at [ət] 〜で；〜において
[d]…adapt [ədǽpt] 〜を適応させる
[k]…success [səksés] 成功　　　　　[g]…ago [əgóu] 〜前に

　ただし、同じ破裂音が2つ並んで続くと、ごく普通の「ア」のような音になります。

■連続する破裂音の子音と単語の例■
[p]…apply [əplái] 適用する　　[b]…abbreviate [əbríːvièit] 大修道院
[t]…attend [əténd] 出席する　[d]…addition [ədíʃən] 付加；添付
[g]…aggress [əgrés] 進攻する

★ CHAPTER 6

英語の音トレ 単語で [ə] 音トレーニング！

CD 1-64

[ə] の音を含む単語を発音してみましょう。CD 音声を真似て何度も言ってみてください。

1	**a**bout	[əbáut]	～について；大体
2	**a**go	[əgóu]	～前に
3	**a**nnounce	[ənáuns]	伝える；告知する；発表する
4	**a**pply	[əplái]	適応する；当てはめる；応用する
5	**a**pproach	[əpróutʃ]	接近する；近づく
6	**a**sleep	[əslíːp]	眠って
7	**A**meric**a**	[əmérikə]	アメリカ
8	**a**way	[əwéi]	離れて；去って
9	s**u**spend	[səspénd]	下げる；吊す；中止する；延期する
10	s**u**ccess	[səksés]	成功；出世
11	umbrell**a**	[ʌmbrélə]	傘
12	**a**rom**a**	[əróumə]	香り；芳香
13	extr**a**	[ékstrə]	余計の；余分の；臨時の
14	medi**a**	[míːdiə]	メディア
15	sod**a**	[sóudə]	炭酸水
16	sof**a**	[sóufə]	ソファー；長いす

95

「ア」のような音⑤ = [ɑː][ɑːr]

STEP 1 最後に [r] をイメージして「アー」

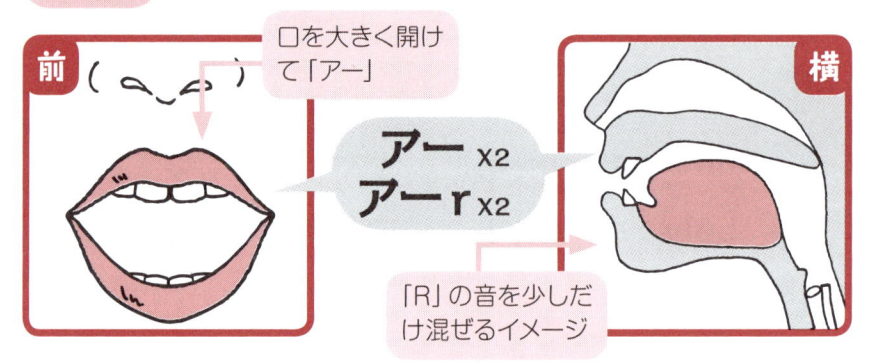

前：口を大きく開けて「アー」

アー ×2
アーr ×2

横：「R」の音を少しだけ混ぜるイメージ

CHECK! この「長母音 (Long Vowels)」は単に「ア」の音というよりは、[r] の音のバリエーションだと考えた方がわかりやすいかもしれません (→ P42)。この音のつづり字は、**a** や **ar**、**al**、**are** などです。

英語の音トレ 単語で [ɑː][ɑːr] 音トレーニング！

[ɑː] と [ɑːr] の音を含む単語を発音してみましょう。

1. f**a**ther   [fάːðər]   父；父親
2. c**a**lm   [kάːm]   静かな；穏やかな
3. c**ar**   [kάːr]   車；自動車
4. st**ar**t   [stάːrt]   始める；動き出す
5. h**ear**t   [hάːrt]   心臓；胸；心

96

「ア」のような音⑥ = [əːr]

STEP 1 最後に [r] をイメージして「ァー」 CD 1-67

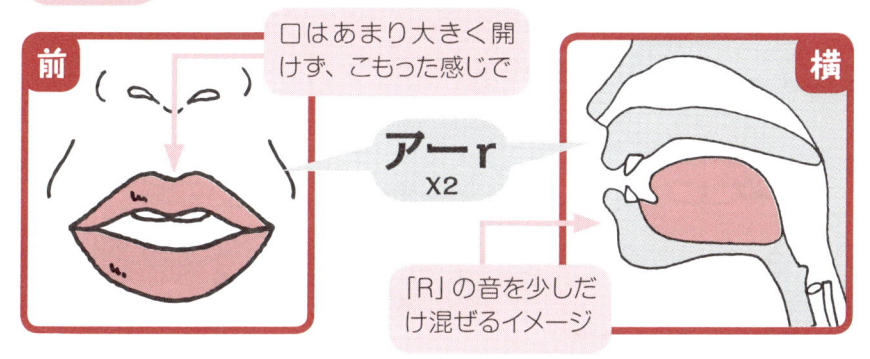

口はあまり大きく開けず、こもった感じで

前

アーr ×2

「R」の音を少しだけ混ぜるイメージ

横

CHECK! この「長母音 (Long Vowels)」は単に「ア」の音というよりは、[r] の音のバリエーションだと考えた方がわかりやすいかもしれません (→ P44)。この音のつづり字は、**er**、**ear**、**ir**、**or**、**our** などです。

英語の音トレ 単語で [əːr] 音トレーニング！ CD 1-68

[əːr] の音を含む単語を発音してみましょう。

1	b**ir**d	[bə́ːrd]	鳥
2	g**ir**l	[gə́ːrl]	若い未婚の女；女の子；少女；娘
3	**ear**th	[ə́ːrθ]	地球；地面
4	w**or**d	[wə́ːrd]	一語；単語
5	w**or**k	[wə́ːrk]	仕事；労働；働き；努力；勉強

97

「ア」のような音⑦ = [ai]

STEP 1 日本語の「アイ」
CD 1-69

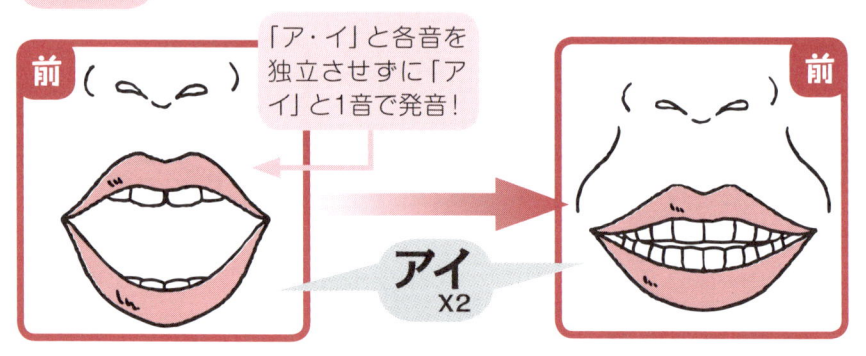

「ア・イ」と各音を独立させずに「アイ」と1音で発音！

アイ ×2

CHECK! 「二重母音 (2-Sound Vowels)」の [ai] は、日本語の「アイ」で十分です。ただし「ア」と「イ」は区切らず、あくまでも**「2つで1音」という感覚**で！この音のつづり字は、**i、ai、ie、ei、ui、y** などです。

英語の音トレ 単語で [ai] 音トレーニング！
CD 1-70

[ai] の音を含む単語を発音してみましょう。

1	**I**	[ái]	私；自分
2	**i**con	[áikɑn]	像；肖像；図像；アイコン
3	**i**sland	[áilənd]	島
4	b**i**ke	[báik]	自転車
5	arr**i**ve	[əráiv]	着く；到着する
6	w**i**ne	[wáin]	ワイン

「ア」のような音⑧ = [au]

STEP 1 日本語の「アウ」

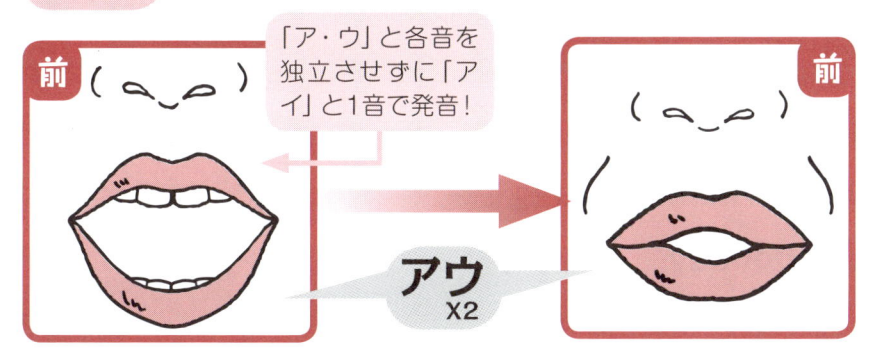

CD 1-71

「ア・ウ」と各音を独立させずに「アイ」と1音で発音！

アウ ×2

CHECK! 「二重母音 (2-Sound Vowels)」の [au] は、日本語の「アウ」で十分です。ただし「ア」と「ウ」は区切らず、あくまでも**「2つで1音」**という感覚で！ この音のつづり字は、い **ou** や **ow** などです。

英語の音トレ 単語で [au] 音トレーニング！

CD 1-72

[au] の音を含む単語を発音してみましょう。

1	**ou**t	[áut]	外側；外に出て；不在で；不足して
2	**ou**ch	[áutʃ]	痛い；熱い；しまった
3	**ou**tline	[áutlàin]	概要；あらまし；要点
4	all**ow**	[əláu]	許す；許可する
5	d**ou**bt	[dáut]	疑い；疑う；信用しない
6	h**ow**	[háu]	どうして；どうやって；どのように

英語の音トレ 単語で「アのような音」トレーニング

　ここまで学習してきた「アのような音」を含む単語を使って発音トレーニングしてみましょう。とくに [æ] の音や [ɑːr][əːr] などの長母音に注意しながら、CD の音声を真似て、何度も言ってみましょう。

Let's Try !

CD 1-73

1	f**a**st	[fǽst]	速い
2	s**ur**face	[sə́ːrfis]	表面；外見
3	h**o**liday	[hάlədèi]	休日
4	**u**gly	[ΛgLi]	みにくい
5	**i**ronic	[airάnik]	皮肉な
6	m**ou**th	[mάuθ]	口
7	rom**a**nce	[róumæns]	恋愛；ロマンス
8	**ar**t	[άːrt]	芸術
9	w**a**sh	[wάʃ]	洗う
10	t**ou**ch	[tΛtʃ]	に触れる；さわる
11	h**ur**t	[həːrt]	傷つける
12	**ou**trage	[άutreidʒ]	激怒
13	l**i**ke	[láik]	好いている
14	**a**lley	[ǽli]	裏通り
15	p**ar**t	[pάːrt]	一部；部分

★ CHAPTER 6

英語の音トレ 単語 ▶ 文 トレーニング

「ア」のような音を含む単語と文を発音してみましょう。

Let's Try！ CD 1-74

1 単語 ☐ **c**at [kæt] ネコ　　☐ **b**ath [bæθ] 風呂

文 **My cat hates taking a bath.**
（私のネコはお風呂が嫌い）　目標タイム：2秒

2 単語 ☐ **wo**nderful [wʌ́ndərfəl] 素晴らしい
☐ **at** [æt] において
☐ **us** [ʌs] 私たちを

文 **It's still wonderful news. At least for us anyway.**
（それでも素晴らしい知らせ。少なくとも私たちにとっては）　目標タイム：3秒

3 単語 ☐ **wh**at [hwət] 何
☐ **o**pposite [ápəzit] 反対の
☐ **o**bvious [ábviəs] 明らかな

文 **What is the opposite of "obvious?" Is it "hidden?"**
（"明らかな"の逆の意味って何？"隠された"？）　目標タイム：3秒

4 単語 ☐ **m**edi**a** [míːdiə] メディア
☐ **a**nother [ənʌ́ðər] もう1つの
☐ **A**meric**a**n [əmérikən] アメリカの
☐ s**u**ccess [səksés] 成功

文 **The media is reporting another American success story.**
（メディアがまたアメリカでの成功物語を報じている）　目標タイム：3秒

101

5 単語
- my [mái] 私の
- father [fá:ðər] 父
- calm [ká:m] 冷静な

文 **My father is always calm.**
（わたしの父はいつも冷静）　　目標タイム：2秒

6 単語
- my [mái] 私の
- car [ká:r] 車
- start [stá:rt] 出発する；始まる

文 **My car won't start this morning.**
（今朝はわたしの車がスタートしてくれない）　　目標タイム：2秒

7 単語
- what [hwət] 何
- bird [bə́:rd] 鳥
- world [wə́:rld] 世界
- hummingbird [hʌ́miŋbə̀:rd] ハチドリ

文 **What is the smallest bird in the world? The hummingbird?**
（世界で一番小さい鳥は何？　ハチドリ？）　　目標タイム：3秒

8 単語
- I [ái] 私は
- eyes [áiz] eye（目）の複数形
- are [ɑ:r] ワイン
- wine [wáin] ワイン

文 **I know his eyes are red from wine.**
（彼の目がワインで赤くなってることをわたしは知っている）　　目標タイム：2秒

9 単語
- how [háu] どうして
- doubt [dáut] 疑う

文 **How dare you doubt me?**　　目標タイム：2秒
（私を疑うなんて（よくもそんなことが出来る））

CHAPTER 7
母音：「イ」「ウ」のような音

続いては日本語の「イ」や「ウ」のような音です。日本語と比べて短めに発音するものや、「R」の音を混ぜるものなど、音単体での発音練習に加え、単語を使った発音練習を繰り返し行いましょう。

「イ」のような音①② ・・・・・・・・・・・・・・・・・・・・・ 104
「イ」のような音③ ・・・・・・・・・・・・・・・・・・・・・・・ 106
「ウ」のような音①② ・・・・・・・・・・・・・・・・・・・・・ 108
「ウ」のような音③ ・・・・・・・・・・・・・・・・・・・・・・ 110
英語の音トレ！　単語で「イ・ウのような音」トレーニング ・・・ 112
英語の音トレ！　単語▶文トレーニング ・・・・・・ 113

「イ」のような音① = [i]

STEP 1 短い「イ」の音　CD 1-75

前／横

日本語の「イ」で基本的には OK

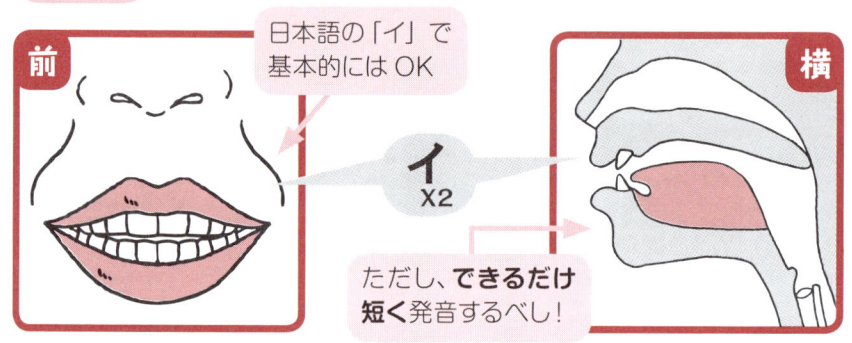

イ ×2

ただし、**できるだけ短く発音するべし！**

CHECK! よく「日本語の「エ」を意識しつつ「イ」と言う」と解説される [i] の音ですが、**日本語の「イ」よりも短めに言う**ように心がけるだけで、不思議にも「エ」が少し混ざった音になり、英語らしい発音に近づきます。**rib** や **big** のように、**直後に破裂音**（[p][b][t][d][k][g]）が来るときの [i] は、「**イッ**」と少し詰まらせて言いましょう。ただし ri**bb**on や bi**gg**er のように2つ来るときはふつうの「**イ**」になります。

英語の音トレ　単語で [i] 音トレーニング！　CD 1-76

[i] の音を含む単語を発音してみましょう。

1	**i**d**i**ot	[ídiət]	馬鹿者；間抜け
2	**i**f	[íf]	もし～なら
3	**i**mpossible	[impásəbl]	不可能な；無理な
4	b**u**s**i**n**e**ss	[bíznis]	ビジネス；商売
5	ch**i**cken	[tʃíkən]	ニワトリ

「イ」のような音② = [iː]

STEP 1 日本語の「イー」でOK！

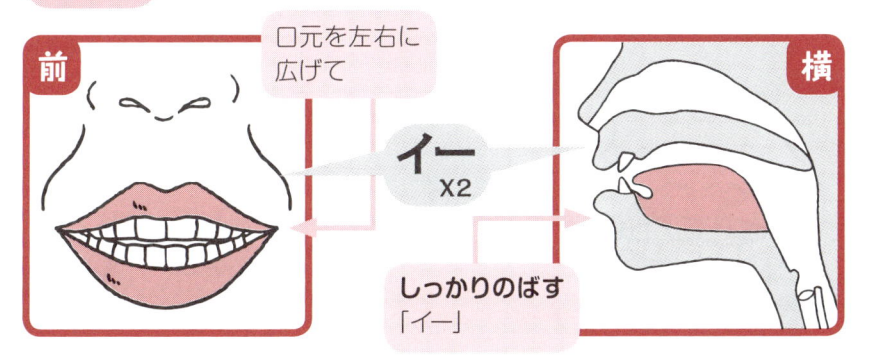

口元を左右に広げて

イー ×2

しっかりのばす「イー」

CHECK! この音は「口元を左右にしっかり引きのばす感じで「イー」と言う」とされていますが、**日本語の「イー」をしっかりのばしさえすれば** OK。[i] のつづり字が基本的に i なのに対し、この音は **e、ee、ea、ei、i、ie** などさまざまです。

英語の音トレ 単語で [iː] 音トレーニング！

[iː] の音を含む単語を発音してみましょう。

1	**ea**ch	[íːtʃ]	各々の；それぞれの
2	**ea**sy	[íːzi]	楽な；容易な
3	**e**go	[íːgou]	エゴ；自我；自尊心
4	**e**vening	[íːvniŋ]	夕刻；日暮れ
5	bel**ie**ve	[bilíːv]	信じる；信じている
6	dr**ea**m	[dríːm]	夢；希望；望み

105

「イ」のような音③ = [iɚ]

STEP 1 まずは [i] の音 （CD 1-79）

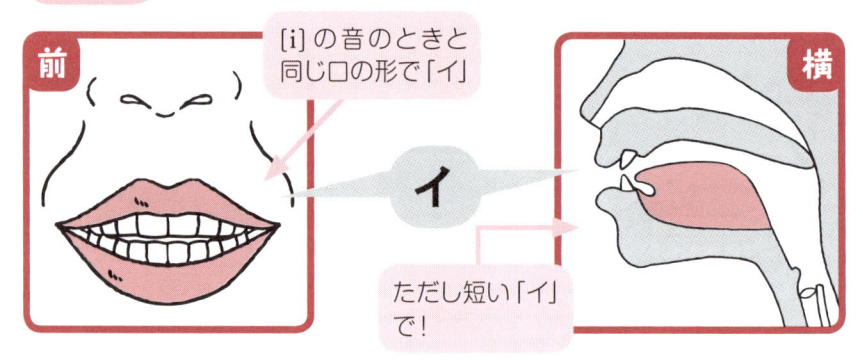

前

[i] の音のときと同じ口の形で「イ」

イ

ただし短い「イ」で！

横

STEP 2 [i] の口のまま「アー [r]」と続ける （CD 1-79）

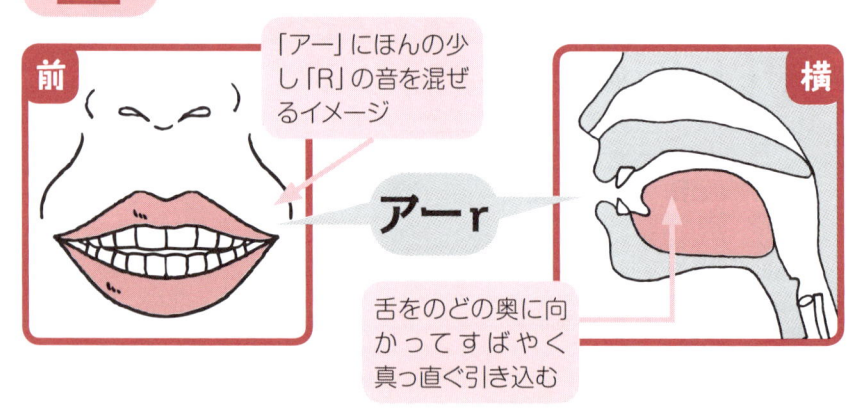

前

「アー」にほんの少し「R」の音を混ぜるイメージ

アーr

横

舌をのどの奥に向かってすばやく真っ直ぐ引き込む

CHECK! 「イ」と「アー [r]」は分けず、1音で発音するよう意識して。この音は「イ」音というよりは「R」の音のバリエーションと考えた方が分かりやすいかもしれません（→直前に母音がつく「R」の音は P42 ～）。また、この音のつづり字は **ear**、**eer**、**ier**、**ere** などがあります。

★ CHAPTER 7

英語の音トレ 単語で [iər] 音トレーニング！

CD 1-80

[iər] の音を含む単語を発音してみましょう。「イアー [r] は1音！」を意識して。

#	単語	発音	意味
1	app**ear**	[əpíər]	現れる；見えてくる；生じる
2	cl**ear**	[klíər]	澄み渡った；晴れた；ハッキリした
3	d**ear**	[díər]	親愛な；愛しい；かわいい
4	**ear**	[íər]	耳
5	engin**eer**	[èndʒiníər]	技師；技術者
6	h**ear**	[híər]	聞く；聞こえる
7	g**ear**	[gíər]	歯車
8	n**ear**	[níər]	～に近く；近くに
9	volunt**eer**	[vàləntíər]	志願者；有志；ボランティア
10	w**eir**d	[wíərd]	風変わりな；異様な；変な
11	y**ear**	[jíər]	年；1年
12	ch**eer**	[tʃíər]	かっさい；応援
13	b**eer**	[bíər]	ビール
14	f**ear**	[fíər]	恐れ；畏敬
15	r**ear**	[ríər]	背後；後ろ；尻
16	t**ear**	[tíər]	涙；悲しみ

「ウ」のような音① = [u]

STEP 1 短めの「ウ」を発音

CD 1-81

前 / 横

日本語の「ウ」を多少短めに発音！

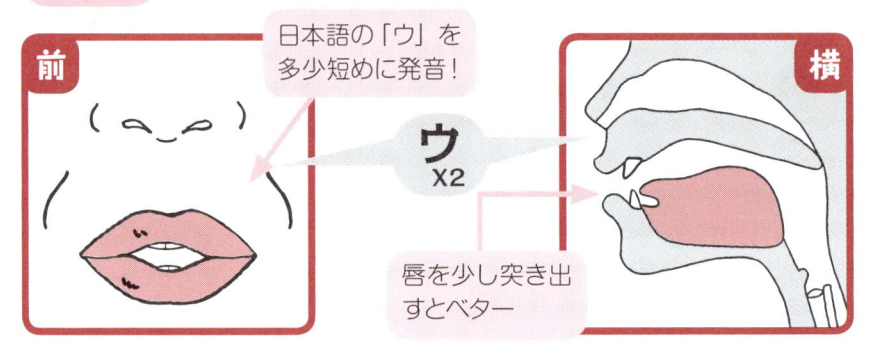

ウ ×2

唇を少し突き出すとベター

CHECK! こちらの音は日本語のときより**唇を少しだけ突き出す感じ**で「ウ」と言うとより英語らしくなります。ですが、普段はそんなことは気にせず、**日本語の「ウ」を多少短めに発音**すれば十分です。この音のつづり字は、**u**、**oo**、**ou** などです。

英語の音トレ 単語で [u] 音トレーニング！

CD 1-82

[u] の音を含む単語を発音してみましょう。

1	b**oo**k	[búk]	本；冊子
2	b**ou**levard	[búləvàːrd]	大通り
3	b**u**llet	[búlit]	弾丸
4	b**u**sh	[búʃ]	低木
5	c**oo**k	[kúk]	コック；調理する

「ウ」のような音② = [uː][juː]

STEP 1 日本語感覚で発音

[u:] は「ウー」
[ju:] は「ユー」

ウー ×2
ユー ×2

日本語感覚そのままで OK！

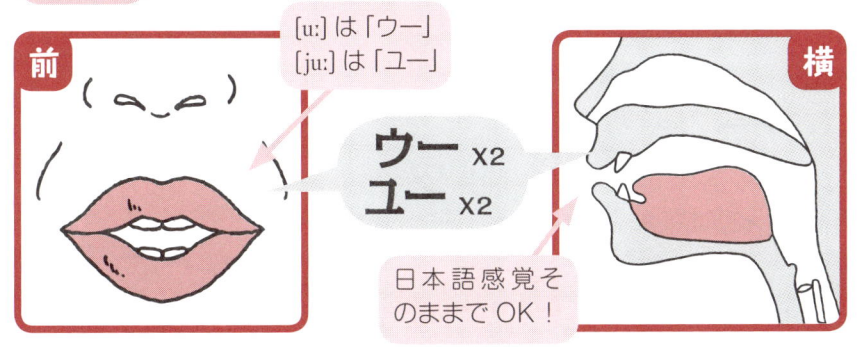

CHECK! この2つの音は、私たち日本人にとってはとても簡単です。**日本語感覚そのままで、「ユー」や「ウー」と発音するだけで OK です。**[u:] は u、ou、o、oo、ew、ue など、[ju:] は u や ew とつづります。

英語の音トレ　単語で [uː][juː] 音トレーニング！

[u:] と [ju:] の音を含む単語を発音してみましょう。

1. **u**niform [júːnəfɔːrm]　制服
2. **you** [júː]　あなた；あなたたち
3. b**eau**tiful [bjúːtəfəl]　美しい；綺麗な
4. bl**ue** [blúː]　青色；空色；紺
5. b**oo**ts [búːts]　ブーツ；長靴
6. fr**ui**t [frúːt]　果物；果実

109

「ウ」のような音③ = [uəɾ]

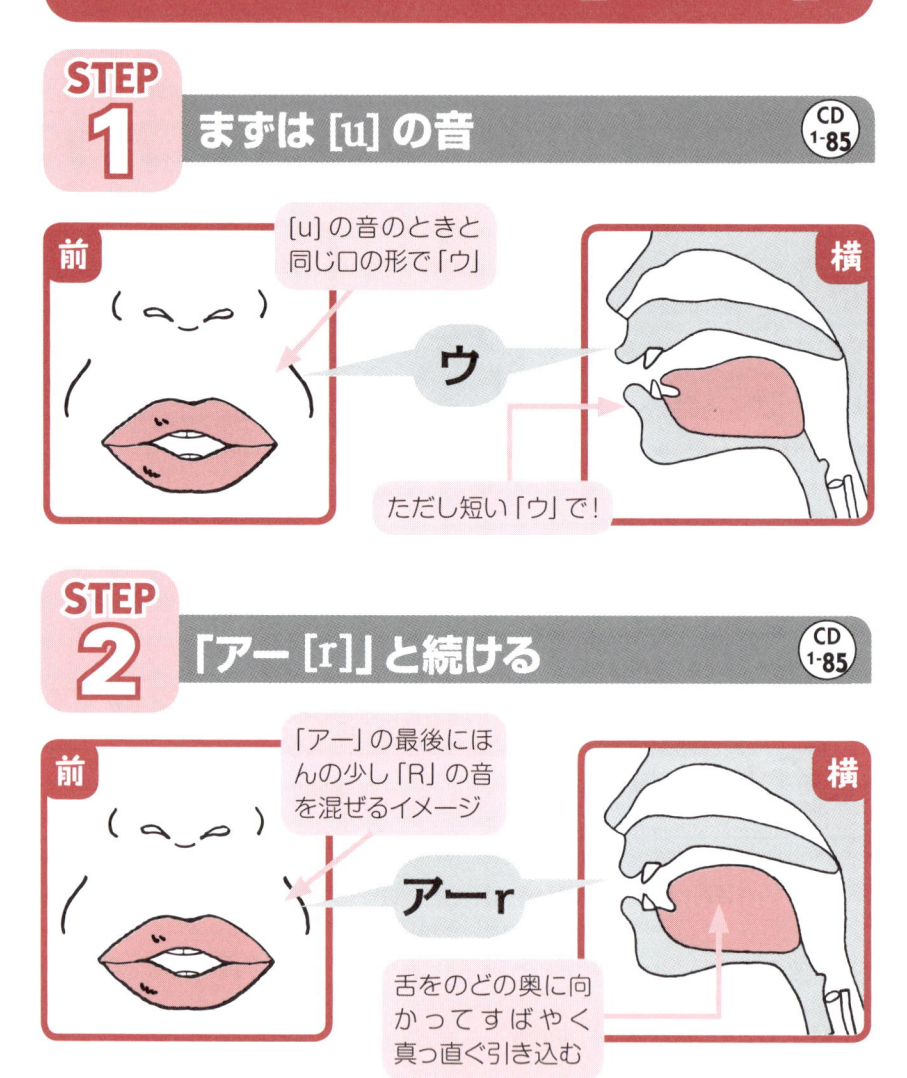

STEP 1 まずは [u] の音 CD 1·85

[u] の音のときと同じ口の形で「ウ」

前　　ウ　　横

ただし短い「ウ」で！

STEP 2 「アー [r]」と続ける CD 1·85

「アー」の最後にほんの少し「R」の音を混ぜるイメージ

前　　アーr　　横

舌をのどの奥に向かってすばやく真っ直ぐ引き込む

CHECK! 「ウ」と「アー [r]」と分けず、**1音で発音するよう意識して**。また、この音は「ウ」音というよりは「R」の音のバリエーションと考えた方が分かりやすいかもしれません（→直前に母音がつく「R」の音は P42 ～）。この音のつづり字は、**our**、**oor**、**ure** などがあります。

110

★ CHAPTER 7

英語の音トレ：単語で [uər] 音トレーニング！

[uər] 音の音を含む単語を発音してみましょう。「ウアー [r] は1音！」を意識して。

#	単語	発音	意味
1	l**ure**	[lúər]	引きつけるもの；ルアー
2	p**oor**	[púər]	貧しい
3	t**our**	[túər]	旅
4	c**ure**	[kjúər]	治す
5	p**ure**	[pjúər]	純粋な
6	s**ure**	[ʃúər]	確信して；きっと〜する
7	ass**ure**	[əʃúər]	保証する
8	y**our**	[júər]	あなたのもの；あなたがたのもの
9	sec**ure**	[sikjúər]	安全な
10	t**our**ist	[túərist]	旅行者
11	p**ur**ée	[pjuəréi]	ピューレ
12	b**ur**eau	[bjúərou]	事務局；支局
13	d**ur**ing	[djúəriŋ]	始めから終わりまで
14	manic**ure**	[mǽnəkjuər]	マニキュア
15	mat**ure**	[mətjúər]	成長しきった；熟した
16	m**oor**	[múər]	荒野

111

英語の音トレ

単語で「イ・ウのような音」トレーニング

ここまで学習してきた「イ」や「ウ」のような音を含む単語を使って発音トレーニングしてみましょう。発音の長短や「アー [r]」と続けて発音するかなど意識しながら、CDの音声を真似て、何度も言ってみましょう。

Let's Try !

CD 1-87

1	pioneer	[pàiəníər]	開拓者
2	pull	[púl]	引く；引き寄せる
3	receipt	[risí:t]	領収書；受け取る
4	through	[θrú:]	〜を通して
5	youth	[jú:θ]	若さ；血気
6	injure	[índʒər]	痛める
7	gift	[gíft]	贈りもの
8	agree	[əgrí:]	同意する；賛成する
9	city	[síti]	都市；都会
10	year	[jíər]	年；歳
11	nephew	[néfju]	甥
12	food	[fú:d]	食べもの；食料
13	figure	[fígjər]	姿
14	wolf	[wúlf]	オオカミ
15	refuse	[rifjú:z]	拒む；断る

★ CHAPTER 7

英語の音トレ 単語 ▶ 文 トレーニング

「イ」「ウ」のような音について、単語と文を使って発音練習しましょう。

Let's Try !
CD 1-88

1 単語
- □ y**ou** [ju] あなた
- □ **i**diot [ídiət] 愚か者

文 Y**ou** are such an **i**diot.
（君ってほんと大馬鹿者だ）　　目標タイム：1.5 秒

2 単語
- □ l**i**ve [kív] 住む
- □ **i**n [in] の中に
- □ b**i**g [bíg] 大きい
- □ c**i**ty [síti] 町

文 I'd hate to l**i**ve **i**n a b**i**g c**i**ty.
（大都会に住むのは私は好まないだろう）　　目標タイム：2 秒

3 単語
- □ **e**ven**i**ng [íːvniŋ] 晩
- □ y**ou** [ju] あなた

文 Of course I would love to spend a quiet **e**ven**i**ng with y**ou**.
（もちろん君と静かな夜を過ごしたい）　　目標タイム：3 秒

4 単語
- □ b**e**l**ie**v**i**ng [bilíːviŋ] believe（信じる）の現在分詞形
- □ dr**ea**m**i**ng [dríːmiŋ] dream（夢見る）の現在分詞形

文 B**e**l**ie**v**i**ng is dr**ea**m**i**ng and dr**ea**m**i**ng is b**e**l**ie**v**i**ng. （信じる事なんて夢ごときこと）　　目標タイム：3 秒

5 単語
- □ **i**t [it] それ
- □ app**ea**rs [əpíərs] 見えてくる
- □ b**e** [bi] である
- □ v**e**ry [véri] とても
- □ cl**ea**r [klíər] 明るい；明白な

文 **I**t app**ea**rs to b**e** v**e**ry cl**ea**r.　　目標タイム：2 秒
（それはとっても分かりやすい（はっきりしているように見える））

113

6 単語
- near [níər] 近い
- beer [bíər] ビール
- means [míːnz] mean（意味する）の三単現

文 **Near beer means low or non-alcoholic beer.**
（ニアビアはローアルコールまたはノンアルコールビールのこと）
目標タイム：3秒

7 単語
- many [méni] 多くの
- cooking [kúkiŋ] 料理
- books [búks] book（本）の複数形

文 **I have so many cooking books I could start my own shop.**
（私は自分のお店（本屋）が開けるぐらい沢山の料理本を持っている）
目標タイム：3.5秒

8 単語
- beating [bíːtiŋ] beat（打つ）の現在分詞形
- bush [búʃ] 藪

文 **Stop beating around the bush.**
（回りくどいことは止めろ）
目標タイム：2秒

9 単語
- beautiful [bjúːtəfəl] 美しい
- blue [blúː] 青い

文 **What a beautiful blue sky!**
（なんて素敵な青空なんだ）
目標タイム：2秒

10 単語
- here [híər] ここに
- need [níːd] 必要としている
- boots [búːts] boot（ブーツ）の複数形
- uniform [júnəfɔːrm] 制服

文 **In here, you need to wear appropriate work boots and uniform shirts.**
（ここでは定められたシャツと作業ブーツを着用する必要があります）
目標タイム：4秒

CHAPTER 8
母音：「エ」「オ」のような音

最後は日本語の「エ」や「オ」のような音です。「エッ」と詰まらせる音や、「ポカーン」と口を開けて出す音、「R」の音を混ぜるものなど、英単語も使って楽しみながら取り組んでみて下さい。

「エ」のような音①② ・・・・・・・・・・・・・・・・・・ 116
「エ」のような音③ ・・・・・・・・・・・・・・・・・・・・ 118
「オ」のような音① ・・・・・・・・・・・・・・・・・・・・ 120
「オ」のような音② ・・・・・・・・・・・・・・・・・・・・ 122
「オ」のような音③④ ・・・・・・・・・・・・・・・・・・ 124
英語の音トレ！　単語で「エ・オのような音」トレーニング ・・・ 126
英語の音トレ！　単語▶文トレーニング ・・・・・・ 127

「エ」のような音① = [e]

STEP 1 [e] を発音してみる

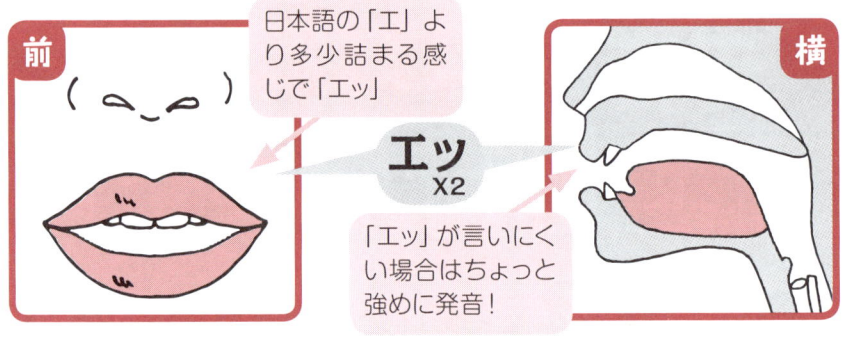

前 日本語の「エ」より多少詰まる感じで「エッ」

エッ ×2

横 「エッ」が言いにくい場合はちょっと強めに発音！

CHECK! これは、**日本語の「エ」が多少詰まった「エッ」という感じで言うのが望ましい音**です。ただしこの音が来る位置は、単語内でアクセントを要する所と一致するので、「エッ」とつまり気味に言いにくいかもしれません。その場合は**ちょっと強めに言うと、自然と詰まる感じが演出できます**。つづり字は **e、ea** など。

英語の音トレ 単語で [e] 音トレーニング！

[e] の音を含む単語を発音してみましょう。

1	**e**bony	[ébəni]	黒檀；光沢のある黒
2	**e**gg	[ég]	卵；鶏卵
3	**e**lem**e**ntary	[èləméntəri]	初歩の；初等の；入門の
4	b**e**d	[béd]	ベッド；寝床；寝台
5	br**ea**d	[bréd]	パン；生活の糧；金
6	fri**e**nd	[frénd]	友達；友人

「エ」のような音② = [ei]

STEP 1 日本語の「エイ」
（CD 1-91）

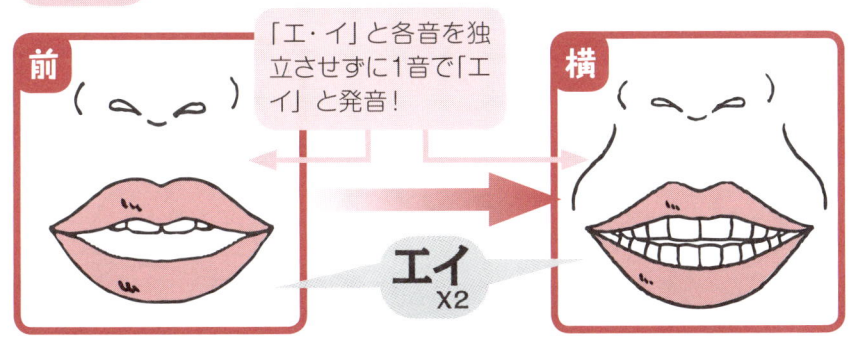

前　横

「エ・イ」と各音を独立させずに1音で「エイ」と発音！

エイ x2

CHECK! 日本語にはこの種の音を含む**外来語**が多く、それらを私たちは、たとえば、ace [eis] を「エース」、pace [peis] を「ペース」、のように、**「エイ」の部分を「エー」と発音するのがクセになっている人**も多いので、日本語と英語ではきちんと差を付けるように気を付けて下さい。つづり字は **a** や **ai**、**ei**、**ay**、**ey** など。

英語の音トレ 単語で [ei] 音トレーニング！
（CD 1-92）

[ei] の音を含む単語を発音してみましょう。

1	**ace**	[éis]	エース；名手；第一人者
2	**break**	[bréik]	壊す；中断する；止める；切り開く
3	**cake**	[kéik]	ケーキ；洋菓子
4	**eight**	[éit]	8
5	**café**	[kæféi]	カフェ；酒場
6	**delay**	[diléi]	延期する；遅らせる

117

「エ」のような音③ = [ɛər]

STEP 1 まずは [ɛ] の音 (CD 1-93)

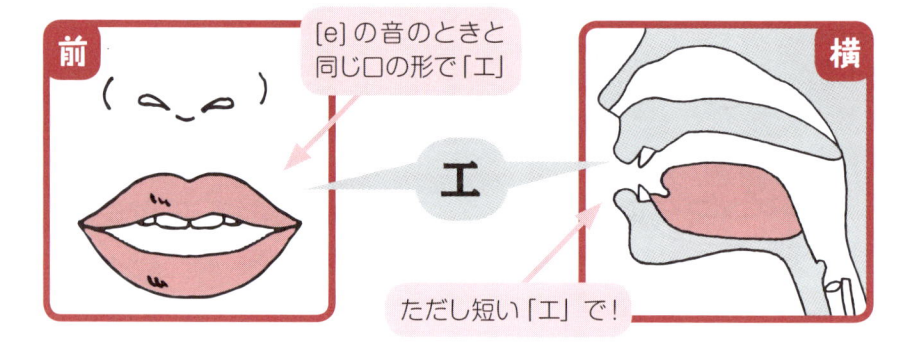

前 / 横

[e] の音のときと同じ口の形で「エ」

エ

ただし短い「エ」で！

STEP 2 [ɛ] の口のまま「アー [r]」と続ける (CD 1-93)

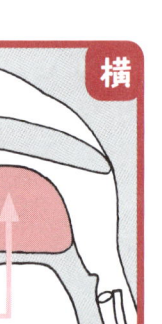

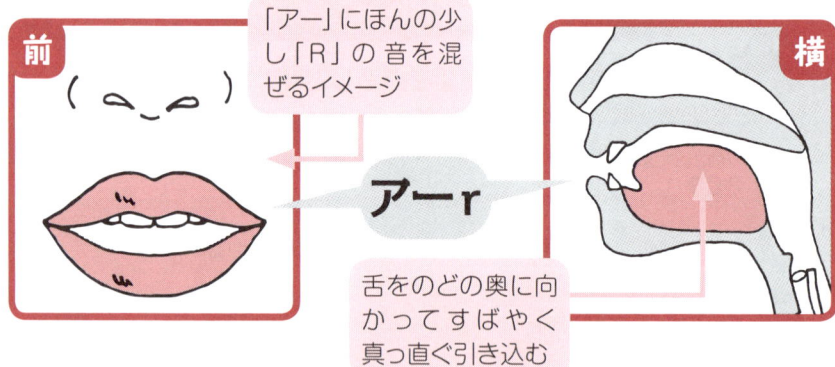

前 / 横

「アー」にほんの少し「R」の音を混ぜるイメージ

アーr

舌をのどの奥に向かってすばやく真っ直ぐ引き込む

CHECK! 「エ」と「アー [r]」は分けず、**1音で発音する**よう意識して。また、この音は「エ」音というよりは「R」の音のバリエーションと考えた方が分かりやすいかもしれません（→直前に母音がつく「R」の音は P42 ～）。この音のつづり字は、**are**、**ear**、**air**、**ere** などです。

118

★ CHAPTER 8

英語の音トレ: 単語で [ɛər] 音トレーニング！

CD 1-94

[ɛər] 音の音を含む単語を発音してみましょう。「エアー [r] は1音！」を意識して。

#	単語	発音	意味
1	air	[ɛər]	空気；大気；外気
2	bare	[bɛər]	裸の；むき出しの；ありのままの
3	bear	[bɛər]	耐える；支える；担う；熊
4	care	[kɛər]	世話；看護；養護；介護
5	chair	[tʃɛər]	イス
6	dare	[dɛər]	あえて；思い切って；怖がらずに
7	hair	[hɛər]	髪；髪の毛；体毛
8	pair	[pɛər]	一対の；一組の
9	rare	[rɛər]	まれな；めったにない；珍しい
10	where	[hwɛər]	何処に；何処で；何処から
11	there	[ðɛər]	そこに；そこで
12	wear	[wɛər]	身につけている
13	fair	[fɛər]	公平な；正しい
14	careful	[kɛərfəl]	注意深い；気をつける
15	pear	[pɛər]	セイヨウナシ
16	swear	[swɛər]	誓う

「オ」のような音① = [ɔː]

STEP 1　[ɔː] の口を作る準備　CD 2-1

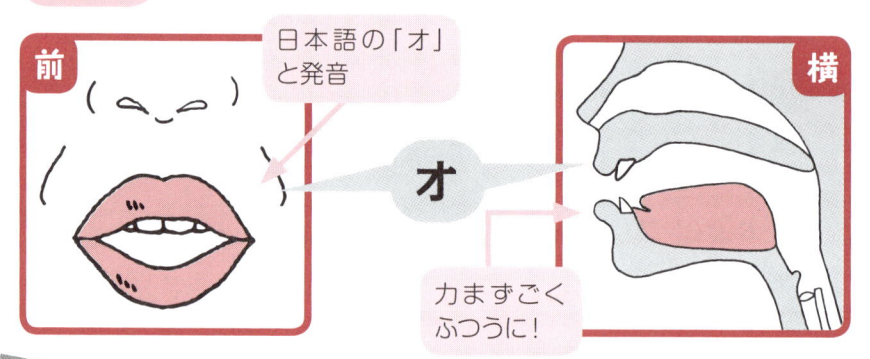

前

日本語の「オ」と発音

オ

横

力まずごくふつうに！

CHECK! [ɔː] は「オー」に「アー」が混ざったような音。正しく発音できると英語らしい発音に大きく近づきます。この音のつづり字は、**a**、**aw**、**au**、**o** など。

STEP 2　口の形が完成！　CD 2-1

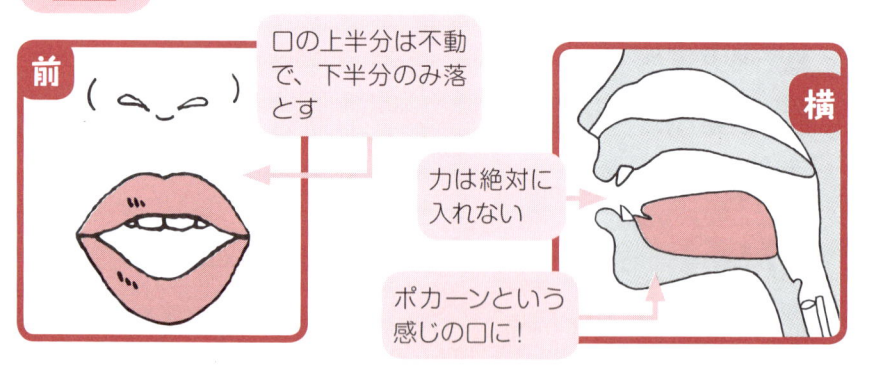

前

口の上半分は不動で、下半分のみ落とす

力は絶対に入れない

ポカーンという感じの口に！

横

CHECK! 口下半分の動きと口の開き具合を鏡でチェック！　力が抜けて、どことなくアゴが落ちた感じで**ポカーンとするときの表情に似ていれば OK**。

★ CHAPTER 8

STEP 3 「オー」と言う

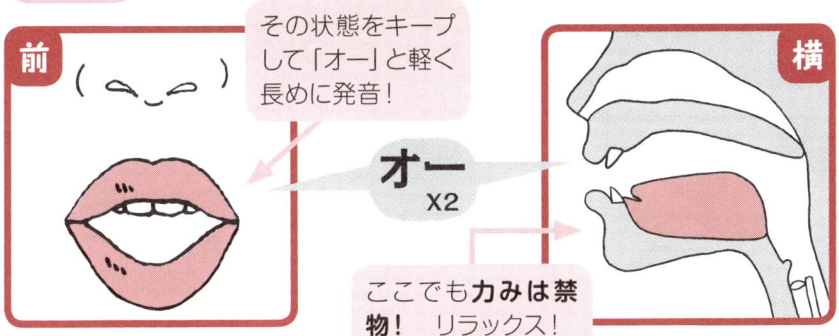

その状態をキープして「オー」と軽く長めに発音！

オー ×2

ここでも力みは禁物！　リラックス！

CHECK!　力まずに「オー」と言うと、そこには必ず「アー」の音が意識しなくとも自然に混ざってくるはず。そうならない場合は、そのままの状態で今より少しアゴを前に突き出すようにして再度チャレンジしてみてください。

英語の音トレ　単語で [ɔː] 音トレーニング！

[ɔː] 音の音を含む単語を発音してみましょう。

1	**al**most	[ɔ́ːlmoust]	殆ど；もう少しで
2	**aw**esome	[ɔ́ːsəm]	凄い；最高の；イカしてる
3	**aw**ful	[ɔ́ːfəl]	酷い；恐ろしい；すさまじい
4	**au**tograph	[ɔ́ːtougræf]	有名人；著名人がするサイン
5	bel**o**ng	[bilɔ́ːŋ]	属する
6	c**al**l	[kɔ́ːl]	呼ぶ；名付ける；称する；電話する
7	cl**o**th	[klɔ́ːθ]	布；服地

「オ」のような音② = [ɔːr]

STEP 1 まずは [ɔː] の音

CD 2-3

前

[ɔː] の音を出す

横

口の形の作り方は120ページをチェック！

STEP 2 [r] の音を混ぜる

CD 2-3

前

[ɔː] にほんの少し「R」の音を混ぜるイメージ

オーr
×2

横

舌をのどの奥に向かってすばやく真っ直ぐ引き込む

CHECK! この音は、「オ」音というよりは「R」の音のバリエーションと考えた方が分かりやすいかもしれません（→直前に母音がつく「R」の音は P42〜）。この音のつづり字は、**or**、**ore**、**ar**、**our** などです。

★ CHAPTER 8

英語の音トレ 単語で [ɔːr] 音トレーニング！

CD 2-4

[ɔːr] 音の音を含む単語を発音してみましょう。「口ポカン＋[r]」を意識して。

1	or	[ɔ́ːr]	または；もしくは；あるいは
2	bore	[bɔ́ːr]	ウンザリさせる；退屈な
3	cord	[kɔ́ːrd]	コード；ひも；糸
4	door	[dɔ́ːr]	戸；扉
5	encore	[áːŋkɔːr]	アンコール
6	for	[fɔ́ːr]	〜にとって；〜の為
7	fork	[fɔ́ːrk]	フォーク；分岐
8	sore	[sɔ́ːr]	痛い；ただれた；炎症を起こした
9	source	[sɔ́ːrs]	元；根源；原因
10	war	[wɔ́ːr]	戦争；戦い；争い
11	four	[fɔ́ːr]	4
12	more	[mɔ́ːr]	より大きな程度に
13	pork	[pɔ́ːrk]	豚肉
14	pour	[pɔ́ːr]	注ぐ；つぐ
15	north	[nɔ́ːrθ]	北；北方
16	normal	[nɔ́ːrməl]	標準の；普通の

「オ」のような音③ = [ɔi]

STEP 1 日本語感覚で「オイ」

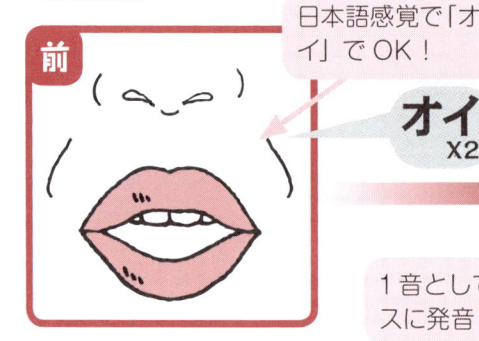

日本語感覚で「オイ」でOK！

オイ ×2

1音としてスムースに発音！

CHECK! 日本語感覚そのままでOKですが、くれぐれも「オ・イ」のように2つの音としてではなく、**「オイ」で1音として言うようにしましょう**。この音のつづり字は、**oi** や **oy** などです。

英語の音トレ　単語で [ɔi] 音トレーニング！

[ɔi] 音の音を含む単語を発音してみましょう。

1	**oil**	[ɔ́il]	オイル；油
2	**oy**ster	[ɔ́istər]	牡蠣
3	app**oi**nt	[əpɔ́int]	任命する；指名する；日時場所を決める
4	ch**oi**ce	[tʃɔ́is]	選択；選択肢
5	v**oy**age	[vɔ́iidʒ]	航海；船旅；旅行
6	ann**oy**	[ənɔ́i]	悩ます；苦しめる；困らす

「オ」のような音④ = [oʊ]

STEP 1 日本語感覚で「オウ」

日本語感覚で「オウ」でOK！

オウ ×2

1音としてスムースに発音！

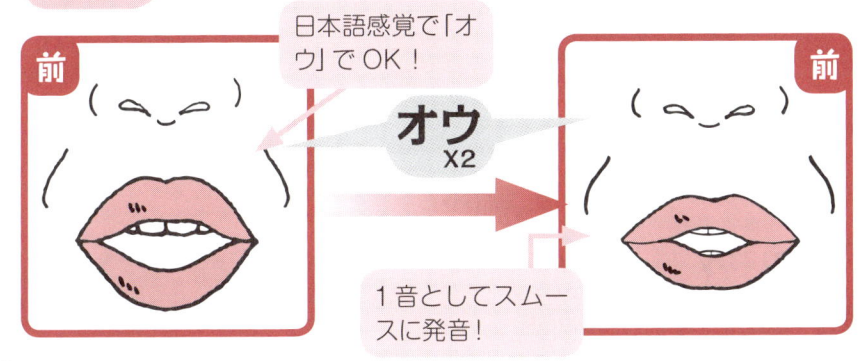

CHECK! 日本語感覚そのままでOKですが、くれぐれも「オ・ウ」のように2つの音としてではなく、**「オウ」で1音として言うようにしましょう**。この音のつづり字は、**o**、**ow**、**oa** などです。

英語の音トレ 単語で [oʊ] 音トレーニング！

[oʊ] 音の音を含む単語を発音してみましょう。

1	**o**ath	[óʊθ]	誓い；制約
2	**o**ld	[óʊld]	年取った；老けた
3	b**oa**t	[bóʊt]	ボート；船；小舟
4	f**o**lk	[fóʊk]	人々；みなさん
5	d**ou**gh	[dóʊ]	生地；金；現ナマ
6	t**oe**	[tóʊ]	足指

英語の音トレ

単語で「エ・オのような音」トレーニング！

　ここまで学習してきた「エ」や「オ」のような音を含む単語を使って発音トレーニングしてみましょう。発音の長短や口の形などを意識しながら、CDの音声を真似て、何度も言ってみましょう。

Let's Try !　　CD 2-9

1. p**ou**r　　[pɔ́ːr]　　注ぐ；つぐ
2. b**oi**l　　[bɔ́il]　　沸騰する；煮る
3. m**a**ny　　[méni]　　多くの；多数の
4. z**e**r**o**　　[zíərou]　　0；無
5. str**aw**　　[strɔ́ː]　　わら；ストロー
6. pr**ay**　　[préi]　　祈る；祈り
7. w**ea**r　　[wéər]　　着る；身につける
8. n**e**ver　　[névər]　　決して；絶対に
9. ph**o**ne　　[fóun]　　電話；受話器
10. **a**lien　　[éilijən]　　外国人；異星人
11. p**o**rk　　[pɔ́ːrk]　　豚肉
12. sh**a**re　　[ʃéər]　　分け前；分ける
13. enj**oy**　　[indʒɔ́i]　　楽しむ；味わう
14. **au**tumn　　[ɔ́ːtəm]　　秋
15. pot**a**to　　[pətéitou]　　ジャガイモ

英語の音トレ ⑧ 単語 ▶ 文 トレーニング

★ CHAPTER 8

「エ」「オ」のような音について、単語と文を使って発音練習しましょう。

Let's Try！
CD 2-10

1 単語
- □ cheese-bread [tʃíːz bréd] チーズパン
- □ eggs [égz] egg（卵）の複数形
- □ breakfast [brékfəst] 朝食

文 **I had cheese-bread and eggs for breakfast this morning.**
（今朝は朝食にチーズパンと卵を食べた） 目標タイム：3秒

2 単語
- □ old [óuld] 年取った
- □ friend [frénd] 友だち
- □ elementary [èləméntəri] 初歩の；初等の

文 **I'm trying to find an old friend from elementary school.**
（わたしは小学校時代の旧友を一人捜している） 目標タイム：3秒

3 単語
- □ break [bréik] 破壊；小休止

文 **Give me a break.** （勘弁してよ） 目標タイム：1秒

4 単語
- □ potato [pətéitou] ジャガイモ
- □ cakes [kéiks] cake（ケーキ）の複数形
- □ café [kæféi] カフェ
- □ over [óuvər] 〜越しに

文 **I had two potato cakes in the cafe over there.**
（私はあそこにあるカフェでポテトケーキを2つも食べた） 目標タイム：3秒

5 単語
- dare [déər] あえて~する
- swear [swéər] 誓う；ののしる
- presence [préznz] いること

文 **Don't you dare swear in my presence!**
（わたしの前では絶対に悪い言葉は使うな！）　目標タイム：2.5 秒

6 単語
- there [ðéər] そこに
- rare [réər] 珍しい
- chair [tʃéər] 椅子

文 **There is a rare chair in my room. Do you want to see it?**
（私の部屋にとっても珍しい椅子があるよ。見たい？）　目標タイム：3.5 秒

7 単語
- almost [ɔ́ːlmoust] もう少し
- call [kɔ́ːl] 呼ぶ；電話する

文 **I almost forgot to call you.**　目標タイム：2 秒
（もう少しで君に電話をするのを忘れるところだった）

8 単語
- awesome [ɔ́ːsəm] すばらしい；恐ろしい
- awful [ɔ́ːfəl] ひどい

文 **You are an awesome guy, but this idea is awful.**
（君はいいやつだけど、このアイデアはひどい）　目標タイム：3 秒

9 単語
- bored [bɔ́ːrd] 退屈な
- anymore [ènimɔ́ːr] 今では；もはや

文 **I'm so bored. I can't take it anymore.**
（あー退屈、もう我慢できない）　目標タイム：2 秒

CHAPTER 9
子音: 有声音

ここからは、発音が多少おかしくても通じるか否かのボーダーラインを規準に、CHAPTER 2〜5で取り上げなかった子音のうち、「有声音」について学びます（ちなみに [l] [r] [ð] [v] は有声音）。

[b] の音・・・・・・・・・・・・・・・・・・・・・・・・・・・・・130
[g] の音・・・・・・・・・・・・・・・・・・・・・・・・・・・・132
[d] の音・・・・・・・・・・・・・・・・・・・・・・・・・・・・134
[z] の音・・・・・・・・・・・・・・・・・・・・・・・・・・・・136
[ʒ] の音・・・・・・・・・・・・・・・・・・・・・・・・・・・・138
[dʒ] の音・・・・・・・・・・・・・・・・・・・・・・・・・・・140
[j] の音・・・・・・・・・・・・・・・・・・・・・・・・・・・・142
[m] の音・・・・・・・・・・・・・・・・・・・・・・・・・・・144
[n] の音・・・・・・・・・・・・・・・・・・・・・・・・・・・・146
[ŋ] の音・・・・・・・・・・・・・・・・・・・・・・・・・・・・148
英語の音トレ！　単語▶文トレーニング・・・・・・150

[b]の音

STEP 1 単語の頭と中で直後に母音がくる [b] CD 2-11

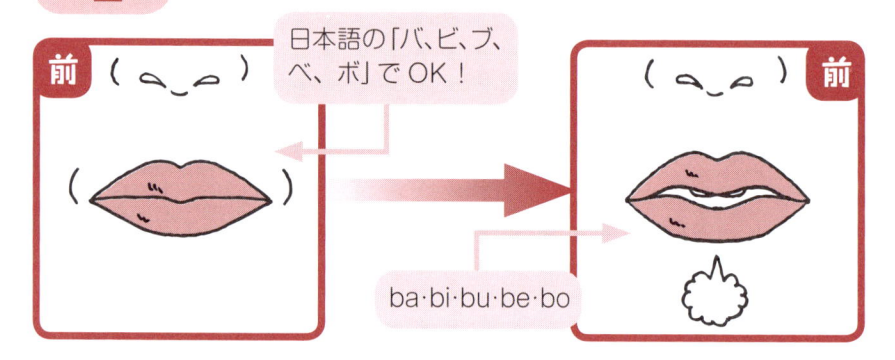

日本語の「バ、ビ、ブ、ベ、ボ」で OK！

ba・bi・bu・be・bo

英語の音トレ 単語で [b] 音トレーニング！ CD 2-11

単語の頭と中にあって、直後に母音が来る [b] を含む英単語の音声を聴き、発音練習してみましょう。

1	**b**ag	[bǽg]	手さげカバン；小袋
2	**b**ig	[bíg]	大きい；大きな
3	**b**ulletin	[búlitən]	掲示；広告
4	**b**edroom	[bédrúːm]	寝室
5	**b**one	[bóun]	骨
6	ca**b**in	[kǽbin]	小屋；船室；操縦室
7	Re**b**ecca	[rəbékə]	レベッカ（女性の名前）

★ CHAPTER 9

STEP 2 音節や単語の終わりの [b]

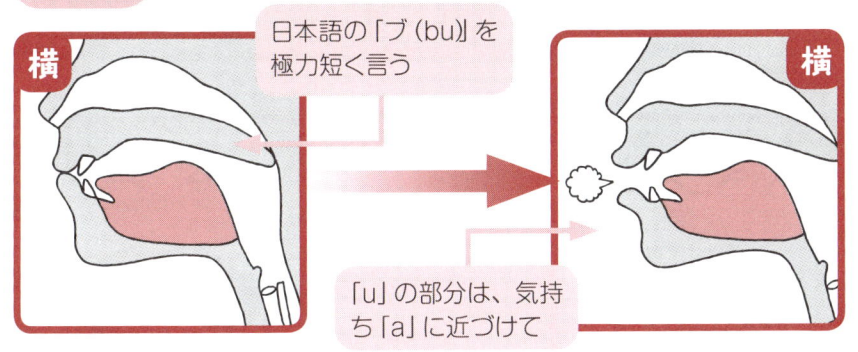

日本語の「ブ (bu)」を極力短く言う

「u」の部分は、気持ち「a」に近づけて

CHECK! この音のつづり字は、**b** や **bb** などです。

英語の音トレ 単語で [b] 音トレーニング！

音節や単語の終わりにある [b] を含む英単語の音声を聴き、発音練習してみましょう。

1	ca**b**	[kæb]	タクシー；運転席
2	we**b**	[wéb]	編み物；蜘蛛の巣；ウェブ
3	clu**b**	[klʌb]	こん棒；クラブ
4	du**b**	[dʌb]	吹き替えする；ダビングする
5	bul**b**	[bʌlb]	球根；丸くふくらんだ部分
6	her**b**	[ə́ːrb]	草；ハーブ
7	Fe**b**·ru·ar·y	[fébruəri]	2月

131

[g]の音

STEP 1 単語の頭と中で直後に母音がくる [g]

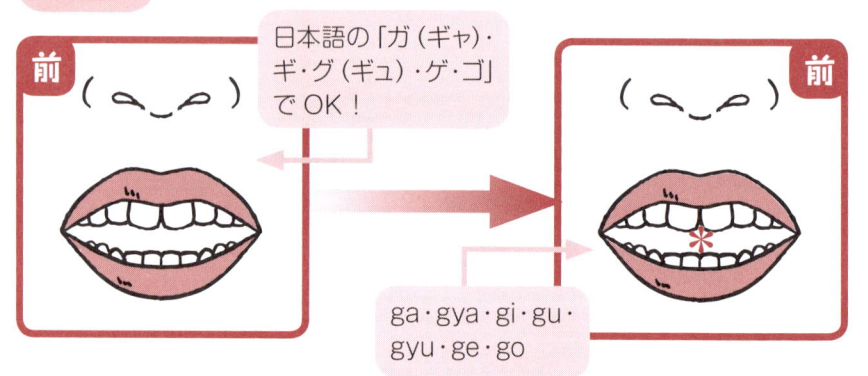

日本語の「ガ（ギャ）・ギ・グ（ギュ）・ゲ・ゴ」でOK！

ga・gya・gi・gu・gyu・ge・go

英語の音トレ　単語で [g] 音トレーニング！

単語の頭と中にあって、直後に母音が来る [g] を含む英単語の音声を聴き、発音練習してみましょう。

1	garlic	[gáːrlik]	ニンニク
2	gap	[gǽp]	割れ目；切れ目；隔たり；差
3	give	[gív]	与える；あげる
4	goose	[gúːs]	ガチョウ
5	argument	[áːrgjumənt]	議論；論争
6	guest	[gést]	客；来客；泊まり客
7	gold	[góuld]	金

★ CHAPTER 9

STEP 2 音節や単語の終わりの [g]

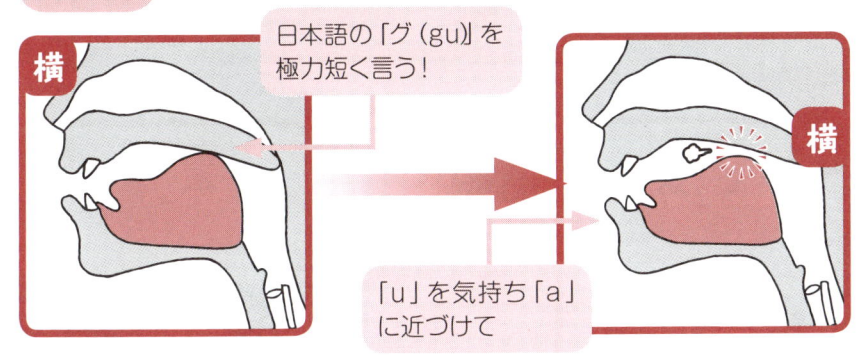

日本語の「グ (gu)」を極力短く言う！

「u」を気持ち「a」に近づけて

CHECK! この音のつづり字は、**g** や **gg** などです。

英語の音トレ　単語で [g] 音トレーニング！

音節や単語の終わりにある [g] を含む英単語の音声を聴き、発音練習してみましょう。

①	bu**g**	[bʌ́g]	虫；昆虫；欠陥；不良箇所
②	e**gg**	[ég]	卵
③	le**g**	[lég]	脚；足
④	do**g**	[dɑ́g]	犬
⑤	ma**g**·ni·fy	[mǽgnəfài]	大きくみせる；拡大する
⑥	ju**g**·**g**ler	[dʒʌ́glər]	投げもの曲芸師
⑦	ma**g**·net	[mǽgnit]	磁石

133

[d]の音

STEP 1 単語の頭と中で直後に母音がくる [d]

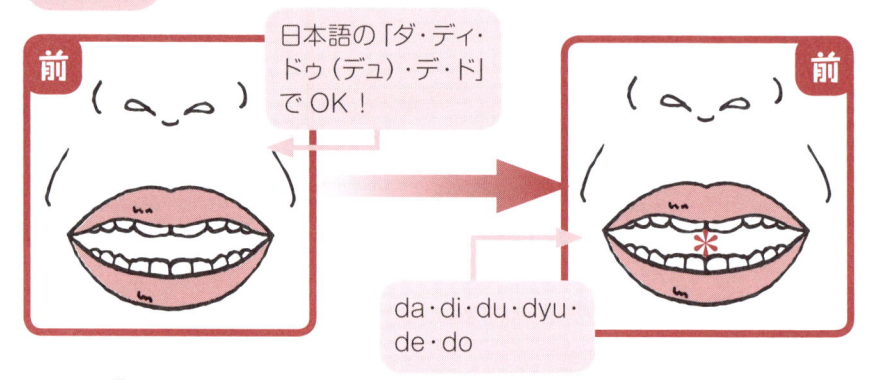

日本語の「ダ・ディ・ドゥ（デュ）・デ・ド」で OK！

da・di・du・dyu・de・do

英語の音トレ 単語で [d] 音トレーニング！

単語の頭と中にあって、直後に母音が来る [d] を含む英単語の音声を聴き、発音練習してみましょう。

1	**d**ance	[dǽns]	踊り；踊る
2	**d**isk	[dísk]	ディスク
3	**d**o	[dúː]	〜する
4	**d**uel	[djúːəl]	決闘
5	**d**evil	[dévəl]	魔王；悪魔
6	**d**oughnut	[dóunət]	ドーナツ
7	re**d**uce	[ridjúːs]	減らす；縮小する

★ CHAPTER 9

STEP 2 音節や単語の終わりの [d]

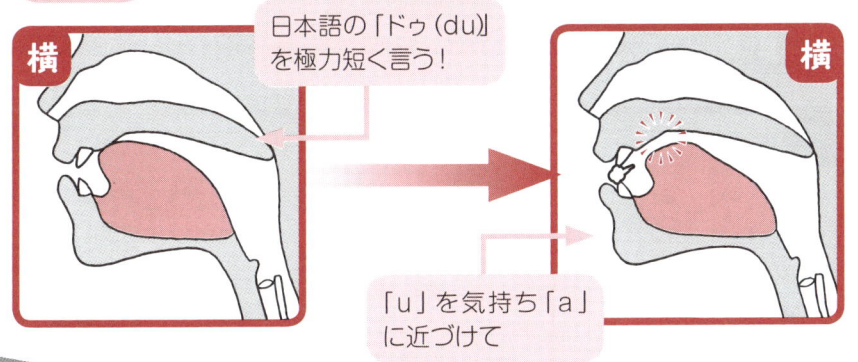

日本語の「ドゥ(du)」を極力短く言う！

「u」を気持ち「a」に近づけて

CHECK! この音のつづり字は、**d** や **dd** などです。

英語の音トレ　単語で [d] 音トレーニング！

音節や単語の終わりにある [d] を含む英単語の音声を聴き、発音練習してみましょう。

1	a**dd**	[ǽd]	〜を加える
2	kin**d**	[káind]	親切な
3	ma**d**	[mǽd]	怒って
4	mai**d**	[méid]	メイド
5	sa**d**・ly	[sǽdli]	悲しんで
6	mi**d**・night	[mídnàit]	夜中
7	su**d**・den・ly	[sʌ́dnli]	突然；急に

135

[z]の音

STEP 1 単語の頭と中で直後に母音がくる [z] CD 2-17

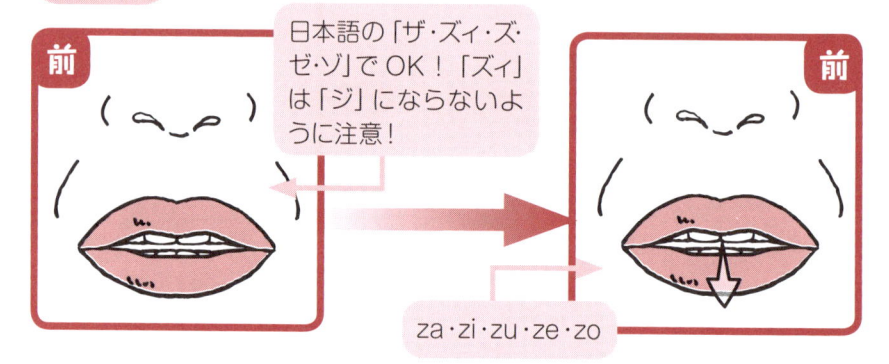

日本語の「ザ・ズィ・ズ・ゼ・ゾ」でOK！「ズィ」は「ジ」にならないように注意！

za・zi・zu・ze・zo

英語の音トレ 単語で [z] 音トレーニング！ CD 2-17

単語の頭と中にあって、直後に母音が来る [z] を含む英単語の音声を聴き、発音練習してみましょう。

1	**z**ap	[zǽp]	バン；ビュン；バリッ；撃つ
2	**z**ebra	[zíːbrə]	シマウマ
3	**z**oo	[zúː]	動物園
4	**z**est	[zést]	強い関心
5	**z**odiac	[zóudiæk]	12宮；星座
6	bu**s**y	[bízi]	忙しい；多忙な、〜中
7	ha**z**ard	[hǽzərd]	危険；冒険；運；危険要因

136

STEP 2 音節や単語の終わりの [z]

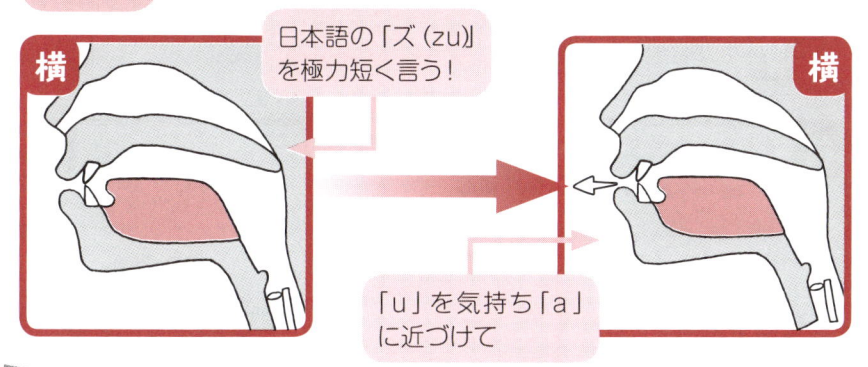

日本語の「ズ (zu)」を極力短く言う！

「u」を気持ち「a」に近づけて

CHECK! この音のつづり字は、**z** や **zz**、**x**、**s**、**se** などです。

英語の音トレ 単語で [z] 音トレーニング！

音節や単語の終わりにある [z] を含む英単語の音声を聴き、発音練習してみましょう。

1	amu**se**	[əmjúːz]	おもしろがらせる
2	becau**se**	[bikɔ́ːz]	何故なら；だから；故に
3	fu**zz**	[fʌ́z]	ふわふわ；毛羽立った
4	whi**z**	[hwíz]	名手；達人；切れ者
5	your**s**	[juərz]	あなた (たち) のもの
6	wi**se**	[wáiz]	賢い
7	a·mu**se**·ment	[əmjúːzmənt]	娯楽；楽しみ；面白さ

[ʒ]の音

STEP 1 単語の中で直後に母音がくる [ʒ] 〔CD 2-19〕

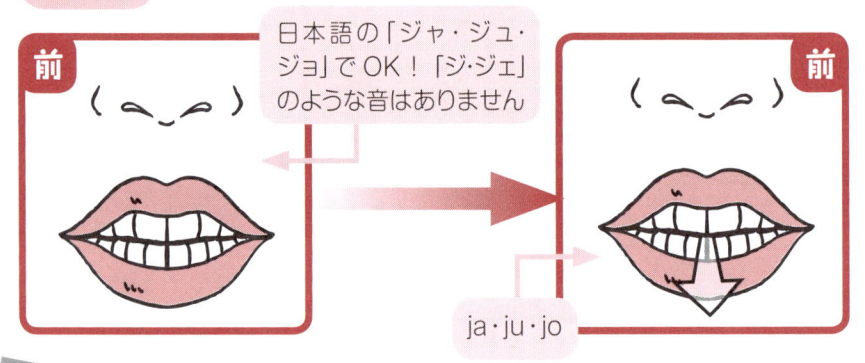

日本語の「ジャ・ジュ・ジョ」でOK！「ジ・ジェ」のような音はありません

ja・ju・jo

CHECK! ちなみにこの音は単語の頭にくることはありません。

英語の音トレ　単語で [ʒ] 音トレーニング！ 〔CD 2-19〕

単語の中にあって、直後に母音が来る [ʒ] を含む英単語の音声を聴き、発音練習してみましょう。

1	plea**s**ure	[pléʒər]	喜び；楽しさ
2	u**s**ual	[júːʒuəl]	いつもの；普段の；日頃の
3	televi**s**ion	[téləvìʒən]	テレビ；テレビ映像；テレビ番組
4	fu**s**ion	[fjúːʒən]	融合；統合；融解；溶解
5	vi**s**ion	[víʒən]	見えること；視覚
6	ca**s**ual	[kǽʒuəl]	カジュアルな；偶然の；即席の

★ CHAPTER 9

STEP 2 音節や単語の終わりの [ʒ]

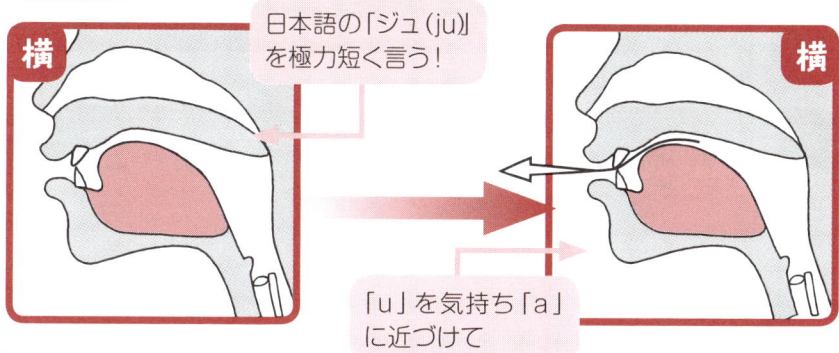

日本語の「ジュ(ju)」を極力短く言う！

横　　　横

「u」を気持ち「a」に近づけて

CHECK! この音のつづり字は、s や si、ge などです。

英語の音トレ　単語で [ʒ] 音トレーニング！

音節や単語の終わりにある [ʒ] を含む英単語の音声を聴き、発音練習してみましょう。

1	ga**ge**	[ɡərɑ́ːʒ]	車庫；ガレージ
2	rou**ge**	[rúːʒ]	口紅；頬紅
3	bei**ge**	[béiʒ]	ベージュ色
4	lu**ge**	[lúːʒ]	リュージュ
5	grei**ge**	[ɡréiʒ]	灰色系ベージュ色
6	presti**ge**	[prestíːʒ]	名声
7	bare**ge**	[bəréʒ]	ベール用の薄い布

139

[dʒ]の音

STEP 1 単語の頭と中で直後に母音がくる [dʒ]

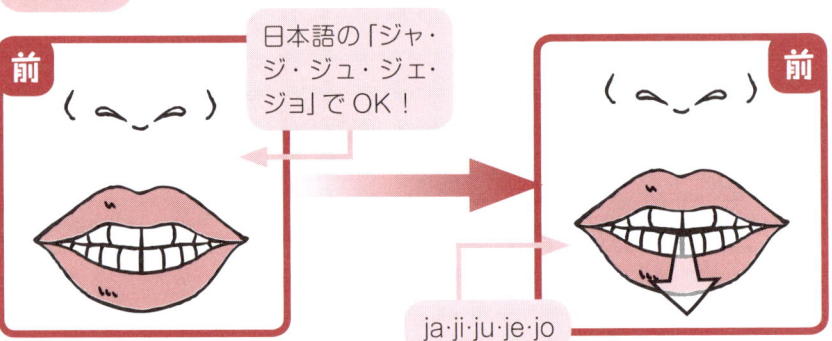

日本語の「ジャ・ジ・ジュ・ジェ・ジョ」でOK！

ja・ji・ju・je・jo

英語の音トレ 単語で [dʒ] 音トレーニング！

単語の頭と中にあって、直後に母音が来る [dʒ] を含む英単語の音声を聴き、発音練習してみましょう。

1	jar	[dʒáːr]	ジャー；ぶつかり合う
2	ginger	[dʒíŋdʒər]	生姜
3	June	[dʒúːn]	6月
4	gentle	[dʒéntl]	優しい；穏やかな；親切な
5	join	[dʒɔ́in]	加わる；参加する
6	pajamas	[pədʒáːməz]	パジャマ；寝間着
7	injure	[índʒər]	痛める；傷つける；怪我をする

★ CHAPTER 9

STEP 2 音節や単語の終わりの [dʒ]

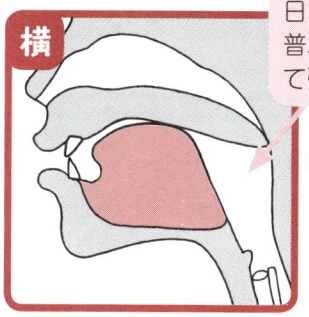

日本語の「ジ」を普段より口を開けて強めに短く言う

日本語の「ジ(ji)」に含まれる母音音「i」が「e」に近づくので、英語らしい音になる

CHECK! この音のつづり字は、j や g、ge などです。

英語の音トレ 単語で [dʒ] 音トレーニング！

音節や単語の終わりにある [dʒ] を含む英単語の音声を聴き、発音練習してみましょう。

1	ora**nge**	[ɔ́ːrindʒ]	オレンジ
2	sta**ge**	[stéidʒ]	ステージ；舞台；段階
3	pa**ge**	[péidʒ]	ページ；欄
4	marria**ge**	[mǽridʒ]	結婚；結婚式；婚礼
5	bri**dge**	[brídʒ]	橋
6	stra**nge**	[stréindʒ]	奇妙な
7	cabba**ge**	[kǽbidʒ]	キャベツ

141

[j]の音

STEP 1 単語の頭と中で直後に母音がくる [j] CD 2-23

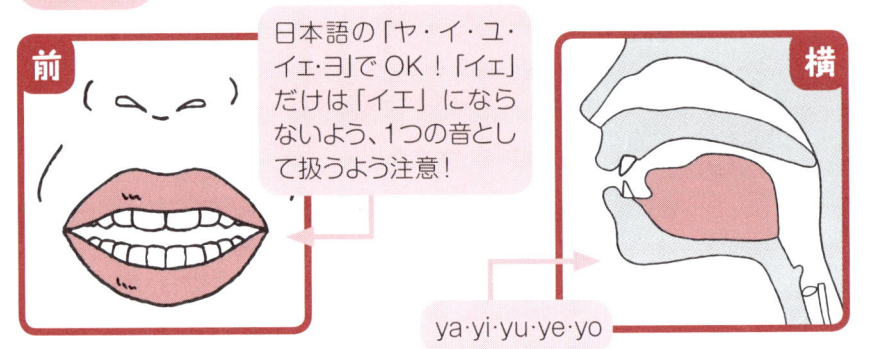

前 / 横

日本語の「ヤ・イ・ユ・イェ・ヨ」で OK！「イェ」だけは「イエ」にならないよう、1つの音として扱うよう注意！

ya・yi・yu・ye・yo

CHECK! ちなみにこの音は**音節や単語の終わりにくることはありません**。つづり字は、**y** や **i** などです。

英語の音トレ 単語で [j] 音トレーニング！ CD 2-23

単語の頭と中にあって、直後に母音が来る [j] を含む英単語の音声を聴き、発音練習してみましょう。

1. **y**acht [játt] ヨット
2. **y**east [jíːst] こうじ菌；イースト
3. **y**outh [júːθ] 若さ；元気；未熟
4. **y**es [jés] はい；そうです
5. **y**olk [jóuk] 黄身
6. al**i**en [éiljən] 異星人；外国人

142

★ CHAPTER 9

音のコツ ●● 音の先入観

突然ですが、皆さん、**machine**という単語を発音してみてください。そして、CDマークの音声を聴いてみて下さい。皆さんの音は、CDに収録されている3パターンの音のうち、どの発音に近かったでしょうか？

ではこの3パターンを文字として表してみましょう。

- パターン1：ma**ch**ine
- パターン2：ma**s**een
- パターン3：ma**t**een
- パターン4：ma**th**ean ／ ma**th**een

こうしてみると一目瞭然ですね。そうです、パターン1が正しい発音です。

これまで、講演や研修を通してお会いするたくさんの方々にチャレンジしていただいたところ、驚くなかれ、正しく発音できている人はごくまれで、ほとんどの人はパターン2や3のような発音になっています。

また，以下のような例も多く見られます。

- **She** is my daughter. →✘ **See** is my daughter.
  ＊sheの [ʃ] が [s] になって、see [síː] となってしまう。
- **She** is my wife. →✘ **Sea** is my wife.
  ＊sheの [ʃ] が [s] になって、sea [síː] となってしまう。
- It's a good **idea**. →✘ It's a good **idear**.
  ＊idea [aidíːə] の [íːə] に [r] を足して、idear [aidíər] となってしまう。

この原因として私は、「こんな感じで言えば、英語らしくなるはず！」という、英語の音に対する「誤った先入観」があるのではないかと思うのです。

皆さんは大丈夫ですか？ もし心当たりがある場合はこれを機に、しっかり修正していきましょう。何でもかんでも「英語らしく」と思う前に、「**ときには "日本語的" に思える発音のほうが正しいこともある**」ことを、ぜひ覚えておいてください。

[m]の音

STEP 1　単語の頭と中で直後に母音がくる [m] 　CD 2-25

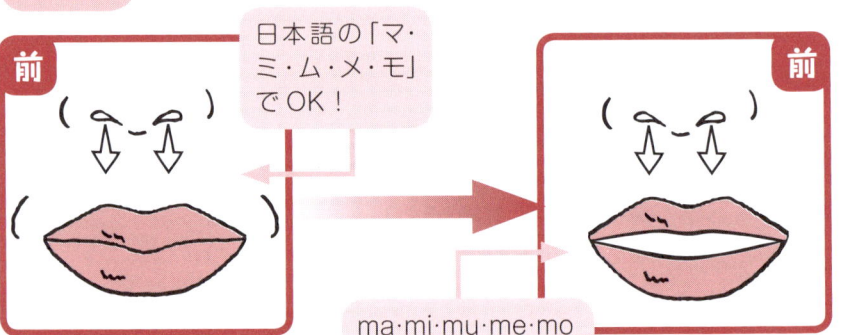

日本語の「マ・ミ・ム・メ・モ」でOK！

ma・mi・mu・me・mo

英語の音トレ　単語で [m] 音トレーニング！　CD 2-25

単語の頭と中にあって、直後に母音が来る [m] を含む英単語の音声を聴き、発音練習してみましょう。

1. **m**onkey [mʌ́ŋki] 猿
2. **m**ilk [mílk] 牛乳；ミルク
3. **m**oon [múːn] 月
4. **m**elody [mélədi] メロディー；旋律；調べ
5. **m**oral [mɔ́ːrəl] 道徳；倫理；モラル
6. co**m**ic [kámik] 漫画；喜劇；コミック
7. s**m**ooth [smúːθ] すべすべした；おだやかな

144

★ CHAPTER 9

STEP 2 音節や単語の終わりの [m]　CD 2-26

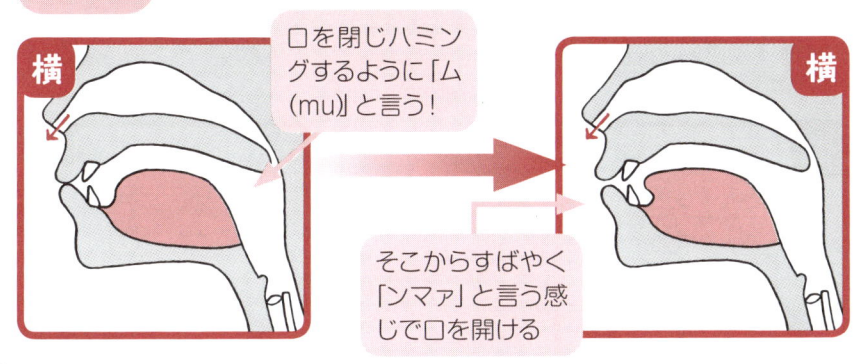

口を閉じハミングするように「ム(mu)」と言う！

そこからすばやく「ンマァ」と言う感じで口を開ける

CHECK! この音のつづり字は、**m** や **mm**、**mn** などです。

英語の音トレ　単語で [m] 音トレーニング！　CD 2-26

音節や単語の終わりにある [m] を含む英単語の音声を聴き、発音練習してみましょう。

	単語	発音	意味
1	far**m**	[fáːrm]	農場；農園；飼育場；牧場
2	mini**m**u**m**	[mínəməm]	最低限；最小限
3	tea**m**	[tíːm]	仲間；組；団；チーム
4	colu**mn**	[káləm]	円柱；柱；コラム
5	ha**m**·burg·er	[hǽmbəːrɡər]	ハンバーガー
6	lu**m**·ber	[lʌ́mbər]	木材；材木；板材
7	ru**m**·ble	[rʌ́mbl]	ゴロゴロ音をたてる

145

[n]の音

STEP 1　単語の頭と中で直後に母音がくる [n]　CD 2-27

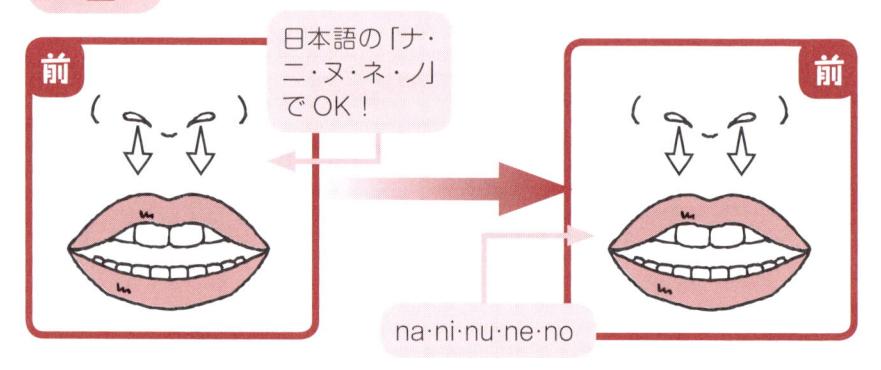

日本語の「ナ・ニ・ヌ・ネ・ノ」でOK！

na・ni・nu・ne・no

英語の音トレ　単語で [n] 音トレーニング！　CD 2-27

単語の頭と中にあって、直後に母音が来る [n] を含む英単語の音声を聴き、発音練習してみましょう。

1. **n**ap　[nǽp]　うたた寝；昼寝；仮眠
2. **n**ipple　[nípl]　乳首；おしゃぶり
3. **n**ude　[njúːd]　裸の；裸体の
4. **n**eck　[nék]　首
5. **n**obody　[nóubàdi]　だれも〜ない
6. fi**n**ish　[fíniʃ]　終了する；終える
7. s**n**ooze　[snúːz]　居眠りする；うたた寝する

★ CHAPTER 9

STEP 2 音節や単語の終わりの [n]

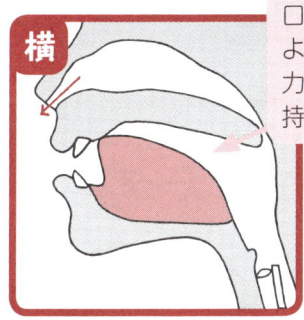

口を閉じハミングするように「ヌ (nu)」を極力短く言う。「u」を気持ち「a」に近づけて

[m] とは違って、絶対に口は閉じないように！

CHECK! この音のつづり字は、**n** や **nn** などです。

英語の音トレ 単語で [n] 音トレーニング！

音節や単語の終わりにある [n] を含む英単語の音声を聴き、発音練習してみましょう。

1	action	[ǽkʃən]	活動；行動；作動
2	listen	[lísn]	聞く；耳を傾ける
3	turn	[tə́ːrn]	回転させる；ひっくり返す；〜の番
4	urban	[ə́ːrbən]	都市の
5	han･dle	[hǽndl]	ハンドル；取っ手；柄
6	pan･da	[pǽndə]	パンダ
4	can･non	[kǽnən]	大砲；機関砲

147

[ŋ]の音

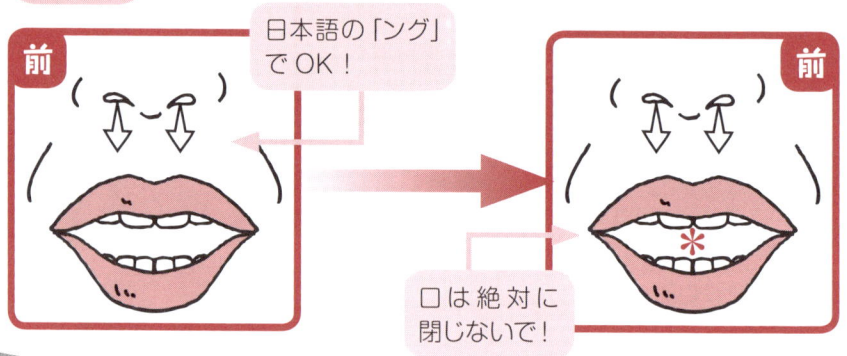

STEP 1 単語の中にある [ŋ]　CD 2-29

日本語の「ング」で OK！

口は絶対に閉じないで！

CHECK! ちなみにこの音は単語の頭にくることはありません。

英語の音トレ　単語で [ŋ] 音トレーニング！　CD 2-29

単語の中にある [ŋ] を含む英単語の音声を聴き、発音練習してみましょう。

	単語	発音記号	意味
1	bi**n**go	[bíŋgou]	ビンゴゲーム；その通り；当たり
2	fi**n**ger	[fíŋgɚ]	指；指差す
3	la**n**guage	[lǽːŋgwidʒ]	言葉；言語；語学
4	lo**n**gest	[lɔ́ːŋgist]	一番長い；最長の
5	E**n**gland	[íŋglənd]	英国；イギリス
6	ta**n**gle	[tǽŋgl]	もつれ；もつれさせる

148

★ CHAPTER 9

STEP 2 単語の終わりの [ŋ]

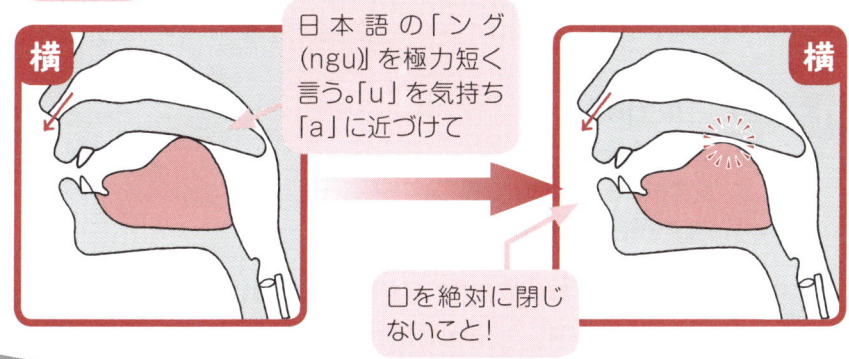

横 → 横

日本語の「ング (ngu)」を極力短く言う。「u」を気持ち「a」に近づけて

口を絶対に閉じないこと！

CHECK! この音のつづり字は、**ng** や **n** などです。

英語の音トレ　単語で [ŋ] 音トレーニング！

単語の終わりにある [ŋ] を含む英単語の音声を聴き、発音練習してみましょう。

1. **ki**ng　　[kíŋ]　　　　王
2. **ha**ng　　[hǽŋ]　　　かける；つるす
3. **fa**ng　　[fǽŋ]　　　牙；歯根
4. **sla**ng　　[slǽŋ]　　　俗語；スラング
5. **walki**ng　[wɔ́ːkiŋ]　　散歩；歩行；ウォーキング
6. **so**ng　　[sɔ́ːŋ]　　　歌
7. **lo**ng　　[lɔ́ːŋ]　　　長い

英語の音トレ 　単語 ▶ 文 トレーニング

Let's Try !　(CD 2-31)

有声音の子音を含む単語と文をCDで聴いて、後に続いて言ってみましょう。

1 単語
- □ **b**i**g** [bíg] 大きい
- □ **b**a**g** [bǽg] カバン
- □ ca**b**in [kǽbin] 小屋
- □ **m**ine [máin] 私のもの

文　**The big bag left in the cabin is mine.**
（キャビンに残された大きなバッグは私の）　目標タイム：2.5秒

2 単語
- □ taki**ng** [téikiŋ] take（取る）の現在分詞形
- □ ca**b** [kǽb] タクシー
- □ clu**b** [klʌ́b] クラブ

文　**I'm taking a cab from here, so I'll meet you at the club.**
（私タクシーで行くからクラブで会いましょう）　目標タイム：3秒

3 単語
- □ **g**arlic [gáːrlik] ニンニク
- □ **g**uests [gésts] guest（客）の複数形

文　**Hold the garlic for the guests.**
（お客さんにはニンニクを控えめにして）　目標タイム：2秒

4 単語
- □ **d**o**g** [dág] イヌ
- □ **g**ot [gát] get（もらう）の過去・過去分詞形
- □ **b**u**g** [bʌ́g] 昆虫

文　**My dog got bitten by a bug.**
（うちのイヌが虫に刺された）　目標タイム：2秒

★ CHAPTER 9

5 【単語】
- madams [mǽdəmz] madam（奥さん）の複数形
- doughnuts [dóunəts] doughnut（ドーナツ）の複数形

【文】 **Even arrogant madams love doughnuts.**
（お高くとまったマダムだってドーナツはお好き） 目標タイム：2.5 秒

6 【単語】
- suddenly [sʌ́dnli] 急に；突然
- mad [mǽd] 怒っている
- midnight [mídnáit] 真夜中

【文】 **Jeniffer suddenly got mad at midnight.**
（ジェニファーは真夜中に急に怒り出した） 目標タイム：2.5 秒

7 【単語】
- zoo [zúː] 動物園
- dozens of [dʌ́znz əv] 多数の
- zebras [zíːbrəz] zebra（シマウマ）の複数形

【文】 **In the zoo we saw dozens of zebras.**
（動物園でわたしたちはすごく多くのシマウマを見た） 目標タイム：2.5 秒

8 【単語】
- yours [juərz] あなたのもの
- wise [wáiz] 賢い

【文】 **That friend of yours is very wise.**
（君のその友だちはとても賢い） 目標タイム：2 秒

9 【単語】
- television [téləvìʒən] テレビ
- casual [kǽʒuəl] 思いがけない
- pleasure [pléʒər] 楽しい

【文】 **Watching television is a casual pleasure.**
（テレビを見ることは普通に楽しいこと） 目標タイム：2.5 秒

10 【単語】
- garage [gərάːʒ] ガレージ
- common [kάmən] よくある

【文】 **Garage sales are common throughout North America.**
（ガレージセールは北米では一般的なもの） 目標タイム：2.5 秒

11 単語
- planning [plǽniŋ] plan (計画する) の現在分詞形
- pajama party [pədʒɑ́mə pɑ́ːrti] パジャマパーティー
- June [dʒúːn] 6月

文 **We are planning a pajama party in June.**
(私たちは6月にパジャマパーティを計画している)
目標タイム：2.5秒

12 単語
- marriage [mǽridʒ] 結婚   strange [stréindʒ] おかしな

文 **Your marriage is very strange.**
(君の結婚はとても変わってる)
目標タイム：2.5秒

13 単語
- yes [jés] はい   youth [júːθ] 若さ

文 **Yes, youth is so important.**
(そう、若さはとっても大事)
目標タイム：2秒

14 単語
- began [bigǽn] begin (始まる) の過去形
- smooth [smúːθ] 滑らかな
- melody [mélədi] メロディ；旋律
- background [bǽkgràund] 背景

文 **I began to hear a smooth melody in the background.**
(バックに心地よいメロディーが聞こえ始めた)
目標タイム：3秒

15 単語
- minimum [mínəməm] 最低   team [tíːm] チーム

文 **Six players, minimum per team.**
(1チームにつき、最低でも6人の選手が必要)
目標タイム：2.5秒

16 単語
- napping [nǽpiŋ] nap (うたた寝する) の現在分詞形
- snoozing [snúːziŋ] snooze (居眠りする) の現在分詞形

文 **He is napping and snoozing away.**
(彼は居眠りしながら船を漕いでいる)
目標タイム：2.5秒

CHAPTER 10
子音：無声音

CHAPTER 9 に続き、子音のレッスンです。ここでは、声帯を振動させずに発音する「無声音」について学習します（ちなみに [θ] [f] は無声音）。

[p] の音 ································ 154
[k] の音 ································ 156
[t] の音 ································ 158
[s] の音 ································ 160
[ʃ] の音 ································ 162
[tʃ] の音 ································ 164
[w] の音 ································ 166
[h] の音 ································ 167
英語の音トレ！ 単語▶文トレーニング ······ 168

[p]の音

STEP 1 単語の頭と中で直後に母音がくる [p]

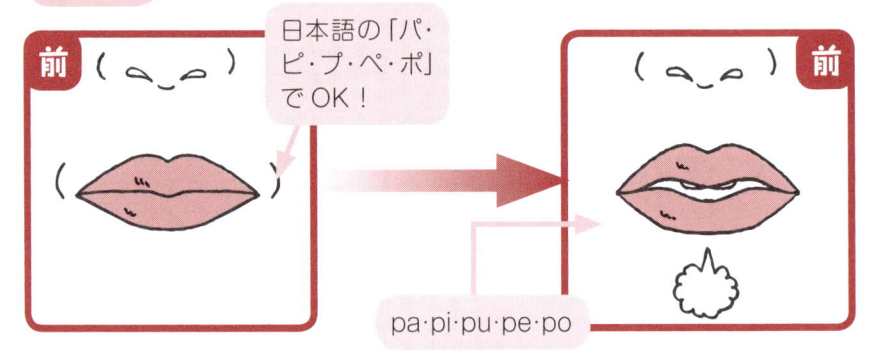

日本語の「パ・ピ・プ・ペ・ポ」でOK！

pa·pi·pu·pe·po

英語の音トレ　単語で [p] 音トレーニング！

単語の頭と中にあって、直後に母音が来る [p] を含む英単語の音声を聴き、発音練習してみましょう。

1	**p**arrot	[pǽrət]	オウム
2	**p**ink	[pínk]	ピンク色；桃色
3	**p**ush	[púʃ]	押す；突く；動かす
4	**p**enguin	[péŋgwin]	ペンギン
5	**p**oison	[pɔ́izn]	毒；薬物
6	thera**p**ist	[θérəpist]	治療専門家；セラピスト
7	in**p**ut	[ínpùt]	入力する；投入する；提供する

★ CHAPTER 10

STEP 2 音節や単語の最後にくる [p]

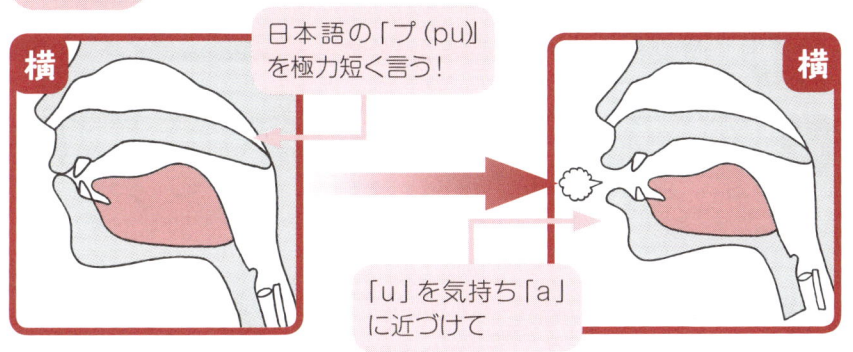

日本語の「プ(pu)」を極力短く言う！

「u」を気持ち「a」に近づけて

CHECK! この音のつづり字は、**p** や **pp** などです。

英語の音トレ 単語で [p] 音トレーニング！

音節や単語の終わりにある [p] を含む英単語の音声を聴き、発音練習してみましょう。

1	cla**p**	[klǽp]	手を叩く；打ち合わせる；拍手する
2	hel**p**	[hélp]	手伝い；手伝う；助け；助ける
3	sto**p**	[stáp]	止める；～をやめる
4	wra**p**	[rǽp]	～を包む；まとう
5	a・do**p**・tion	[ədápʃən]	採用；選択；採択；養子縁組
6	ca**p**・sule	[kǽpsəl]	カプセル
7	na**p**・kin	[nǽpkin]	ナプキン

[k]の音

STEP 1 単語の頭と中で直後に母音がくる[k] CD 2-34

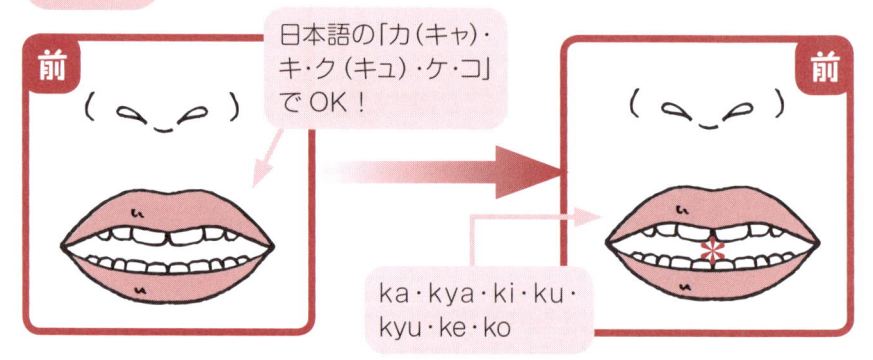

日本語の「カ(キャ)・キ・ク(キュ)・ケ・コ」でOK！

ka・kya・ki・ku・kyu・ke・ko

英語の音トレ 単語で[k]音トレーニング！ CD 2-34

単語の頭と中にあって、直後に母音が来る[k]を含む英単語の音声を聴き、発音練習してみましょう。

1	**c**owboy	[káubɔ̀i]	カウボーイ
2	**c**ap	[kǽp]	帽子
3	**k**iss	[kís]	キスする；口づけ
4	**q**uit	[kwít]	やめる
5	**q**ueue	[kjúː]	列
6	**k**ept	[képt]	keep(保つ)の過去・過去分詞形
7	**q**uarter	[kwɔ́ːrtər]	四分の一

★ CHAPTER 10

STEP 2 　音節や単語の最後にくる[k]

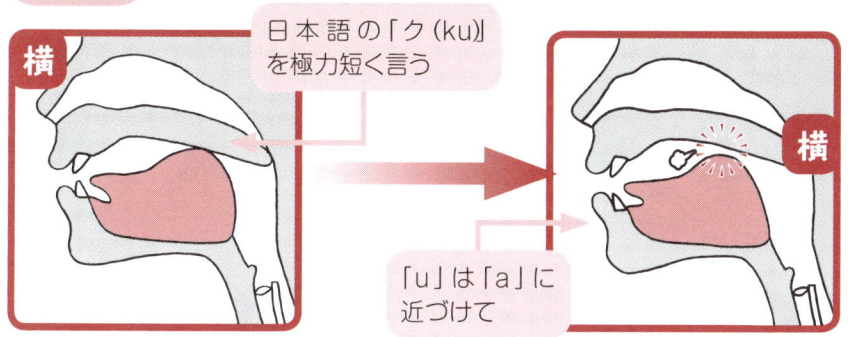

横　日本語の「ク(ku)」を極力短く言う　横

「u」は「a」に近づけて

CHECK! この音のつづり字は、**k**、**ck**、**c**、**cc**、**cqu**、**q** などです。またこの音を含む単語で、**x** と綴るものもありますが、これは単語のどの位置にあっても日本語の「クス」のように発音すればOK。ただし「ク・ス」という2つの音ではなく、あくまで一つの音として言うようにしてください。

英語の音トレ　単語で [k] 音トレーニング！

音節や単語の終わりにある[k]を含む英単語の音声を聴き、発音練習してみましょう。

1. in**k** 　　　　　　　[íŋk]　　　　インク；墨
2. stri**k**e 　　　　　　[stráik]　　　打つ；たたく
3. fri**c**·tion 　　　　　[fríkʃən]　　　摩擦
4. boo**k**·shelf 　　　　[búkʃèlf]　　本棚
5. ba**ck**·pa**ck** 　　　　[pǽkpæk]　　リュックサック；背負い袋

157

[t]の音

STEP 1 単語の頭と中で直後に母音がくる [t]　CD 2-36

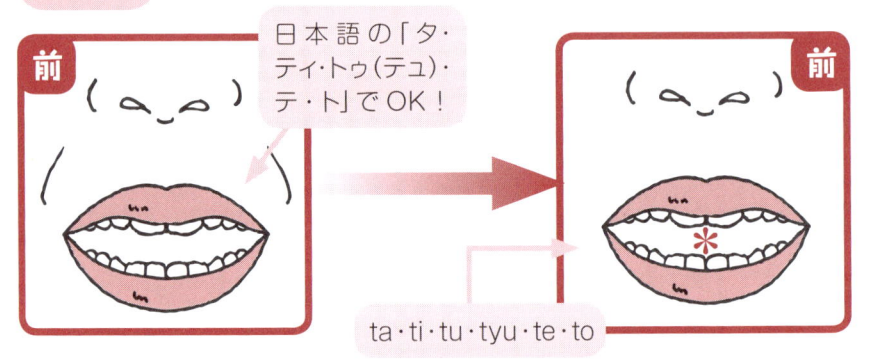

日本語の「タ・ティ・トゥ(テュ)・テ・ト」でOK！

ta・ti・tu・tyu・te・to

英語の音トレ　単語で [t] 音トレーニング！　CD 2-36

単語の頭と中にあって、直後に母音が来る [t] の音を含む英単語の音声を聴き、発音練習してみましょう。

1	t**a**sk	[tǽsk]	仕事；作業；職務
2	t**i**ckle	[tíkl]	くすぐる
3	t**o**ol	[túːl]	道具；用具；工具
4	t**u**be	[tjúːb]	管；筒；チューブ
5	t**e**lescope	[téləskòup]	望遠鏡
6	t**o**ad	[tóud]	ヒキガエル；ガマガエル
7	car**t**oonist	[kɑːrtúːnist]	漫画家

158

★ CHAPTER 10

STEP 2 音節や単語の最後にくる [t]

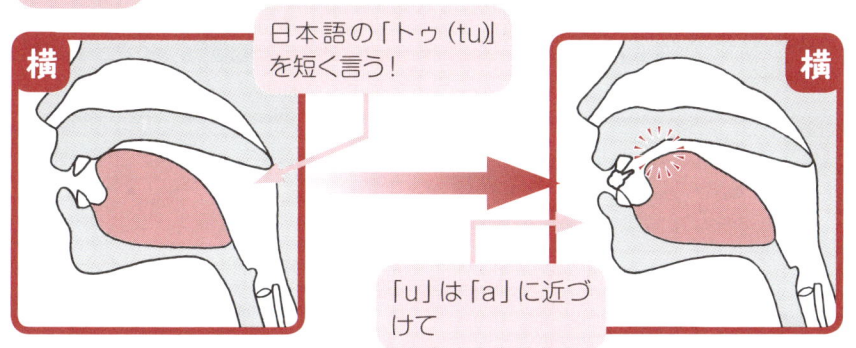

日本語の「トゥ(tu)」を短く言う！

「u」は「a」に近づけて

CHECK! この音のつづり字は、t や tt などです。

英語の音トレ 単語で [t] 音トレーニング！

音節や単語の終わりにある [t] の音を含む英単語の音声を聴き、発音練習してみましょう。

1. **carrot** [kǽrət] ニンジン
2. **client** [kláiənt] 依頼人；顧客
3. **state·ment** [stéitmənt] 声明；申し立て；供述
4. **great** [gréit] 大きい；多数の；たいへんな
5. **fit·ness** [fítnis] 適合；適切；健康
6. **lit·tle** [lítl] 小さい；小柄な；少しばかりの
7. **shot·gun** [ʃátgʌ̀n] 散弾銃；助手席

[s]の音

STEP 1 単語の頭と中で直後に母音がくる [s]

日本語の「サ・スィ・ス・セ・ソ」でOK！「スィ」は「シ」や「シィ」にならないよう注意！

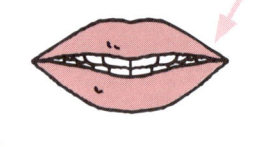

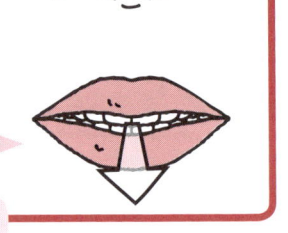

sa・si・su・se・so

英語の音トレ　単語で [s] 音トレーニング！

単語の頭と中にあって、直後に母音が来る [s] を含む英単語の音声を聴き、発音練習してみましょう。

1. **s**alad [sǽləd] サラダ
2. **s**ing [síŋ] 歌う；さえずる；鳴く
3. **s**uit [súːt] 背広；訴訟；嘆願
4. **c**entury [séntʃəri] 世紀；一世紀；百年
5. **s**ocial [sóuʃəl] 社会的な
6. **s**e**s**ame [sésəmi] ゴマ
7. in**s**ist [insíst] 強く主張する；言い張る

★ CHAPTER 10

STEP 2 音節や単語の最後にくる [s]

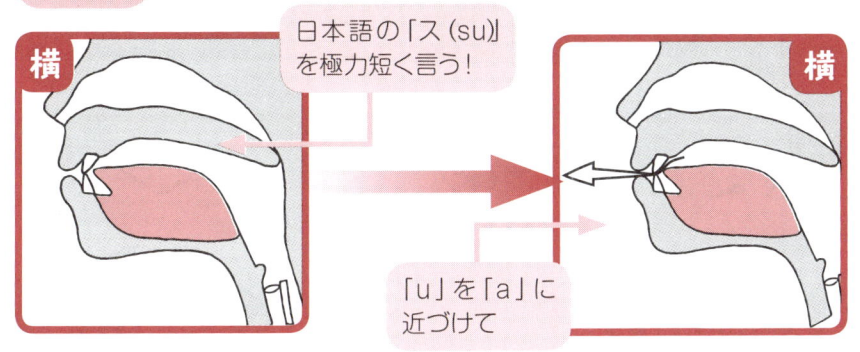

日本語の「ス(su)」を極力短く言う！

「u」を「a」に近づけて

横 / 横

CHECK! この音のつづり字は、**s**、**ss**、**c**、**ce**、**se** などです。

英語の音トレ 単語で [s] 音トレーニング！

音節や単語の終わりにある [s] を含む英単語の音声を聴き、発音練習してみましょう。

❶	**nie**c**e**	[níːs]	姪
❷	**lea**s**e**	[líːs]	賃貸；賃貸契約；賃貸期間
❸	**oop**s	[úps]	おっと；しまった；あらまっ
❹	**pa**ss	[pǽs]	通過する；横切る；手渡す
❺	**su**s**·pen**s**e**	[səspéns]	サスペンス；懸念；不安
❻	**whi**s**·per**	[hwíspər]	ささやく；耳打ちする
❼	**le**s**·son**	[lésn]	学科；授業；教え；教訓

[ʃ]の音

STEP 1 単語の頭と中で直後に母音がくる[ʃ]

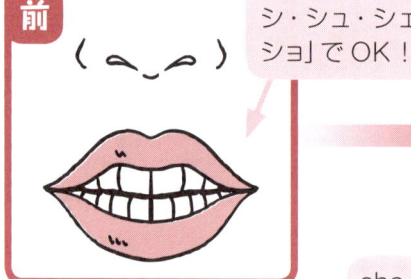

日本語の「シャ・シ・シュ・シェ・ショ」でOK！

sha・shi・shu・she・sho

英語の音トレ 単語で[ʃ]音トレーニング！

単語の頭と中にあって、直後に母音が来る[ʃ]を含む英単語の音声を聴き、発音練習してみましょう。

1	**sh**ine	[ʃáin]	輝く；光る
2	**sh**eep	[ʃíːp]	羊
3	**sh**oot	[ʃúːt]	撃つ；射る
4	**ch**ef	[ʃéf]	コック長；シェフ
5	**sh**ort	[ʃɔ́ːrt]	短い；低い
6	deli**c**ious	[dilíʃəs]	とても美味しい；美味な；風味の良い
7	mi**ss**ion	[míʃən]	任務；使命；伝道；派遣団

★ CHAPTER 10

STEP 2 音節や単語の最後にくる [ʃ]

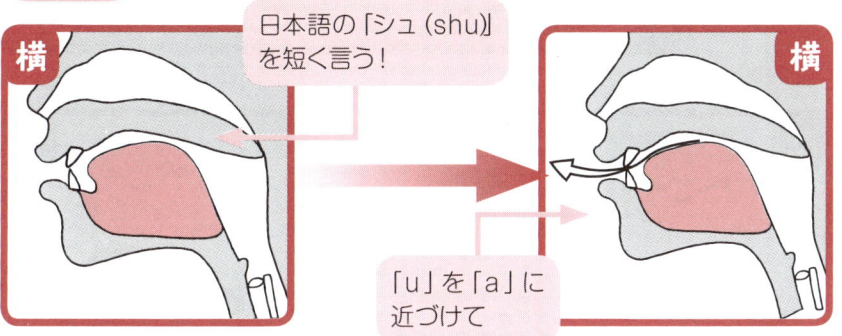

日本語の「シュ (shu)」を短く言う！

横 　　　　　　　　　　　　　　　　　横

「u」を「a」に近づけて

CHECK! この音のつづり字は、**sh** や **s**、**ss**、**ci**、**si**、**ti**、**ch** などです。

英語の音トレ 単語で [ʃ] 音トレーニング！

音節や単語の終わりにある [ʃ] を含む英単語の音声を聴き、発音練習してみましょう。

1	wish	[wíʃ]	思う；願う
2	fresh	[fréʃ]	できたての；新鮮な
3	cash	[kǽʃ]	現金
4	smash	[smǽʃ]	〜を粉々に砕く
5	publish	[pʌ́bliʃ]	出版する
6	ash·tray	[ǽʃtréi]	灰皿
7	mush·room	[mʌ́ʃruːm]	キノコ

163

[tʃ]の音

STEP 1　単語の頭と中で直後に母音がくる [tʃ]

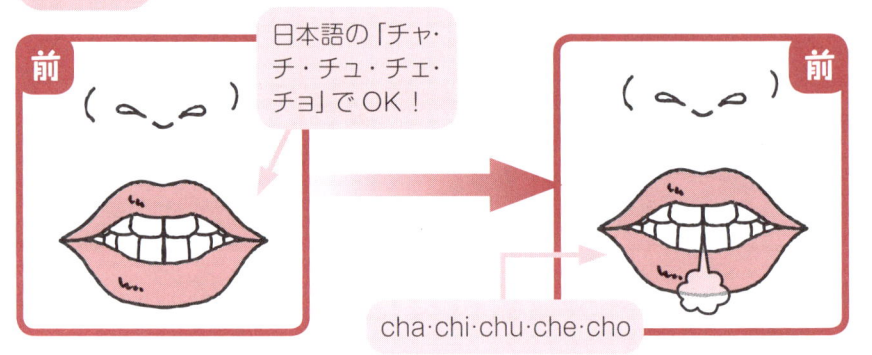

日本語の「チャ・チ・チュ・チェ・チョ」でOK！

cha・chi・chu・che・cho

英語の音トレ　単語で [tʃ] 音トレーニング！

単語の頭と中にあって、直後に母音が来る [tʃ] の音を含む英単語の音声を聴き、発音練習してみましょう。

1	**ch**ild	[tʃáild]	子ども；児童
2	**ch**eese	[tʃíːz]	チーズ；ニッコリ
3	**ch**ew	[tʃúː]	かみくだく
4	**ch**estnut	[tʃésnʌt]	栗；栗毛；栗毛色
5	**ch**oke	[tʃóuk]	窒息させる；詰まらせる
6	ke**tch**up	[kétʃəp]	ケチャップ
7	na**t**ure	[néitʃər]	自然；自然界

★ CHAPTER 10

STEP 2 音節や単語の最後にくる [tʃ]

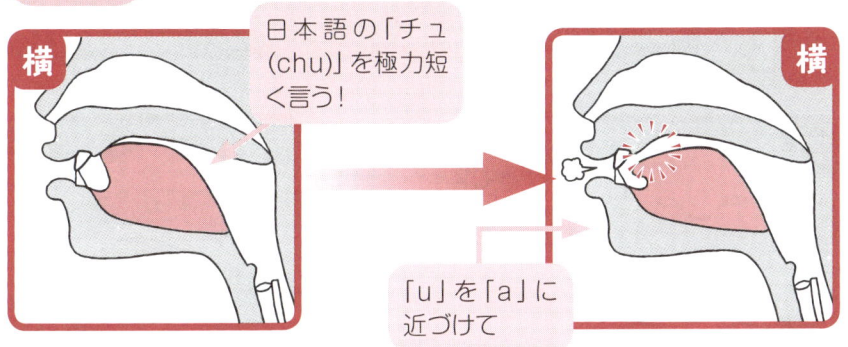

日本語の「チュ(chu)」を極力短く言う!

「u」を「a」に近づけて

CHECK! この音のつづり字は、ch、tch、t、ti などです。

英語の音トレ 単語で [tʃ] 音トレーニング!

音節や単語の終わりにある [tʃ] の音を含む英単語の音声を聴き、発音練習してみましょう。

1	ri**ch**	[rítʃ]	金持の;裕福な;濃厚な
2	cockroa**ch**	[kǽkròutʃ]	ゴキブリ
3	ca**tch**	[kǽtʃ]	捕らえる;捕まえる;罠;収穫物
4	swi**tch**	[swítʃ]	スイッチ;切り替える;移す
5	ben**ch**	[béntʃ]	ベンチ
6	wa**tch**・dog	[wǽtʃdɑ̀g]	番犬;番人
7	ho**tch**・po**tch**	[hǽtʃpàtʃ]	ごちゃ混ぜ;ごちゃ混ぜ状態

[w]の音

STEP 1 単語の頭と中で直後に母音がくる[w] CD 2-44

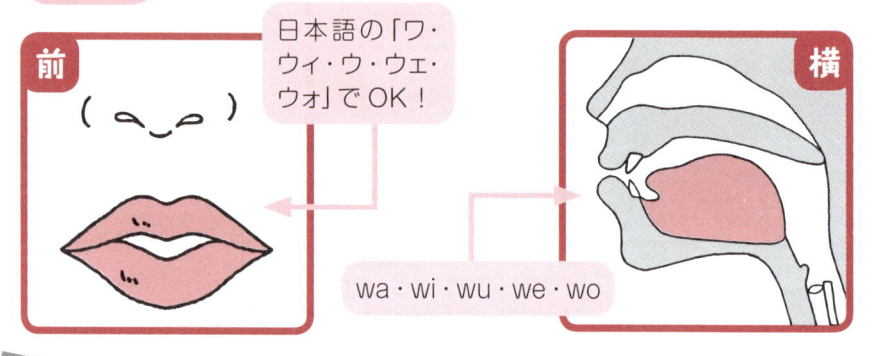

日本語の「ワ・ウィ・ウ・ウェ・ウォ」でOK！

前　　　　　横

wa・wi・wu・we・wo

CHECK! この音のつづり字の大半は **w** ですが **o** のこともあります。なお、この音は、**音節や単語の終わりにくることはありません**。

英語の音トレ 単語で[w]音トレーニング！ CD 2-44

単語の頭と中にあって、直後に母音が来る[w]を含む英単語の音声を聴き、発音練習してみましょう。

1	**o**ne	[wʌ́n]	1；一つの；一個の；単一の
2	**w**inter	[wíntər]	冬；冬期
3	**w**ool	[wúl]	羊毛；毛糸
4	s**w**eater	[swétər]	セーター
5	**w**arm	[wɔ́ːrm]	暖かい
6	some**o**ne	[sʌ́mwʌ̀n]	ある人；誰か

[h]の音

STEP 1 単語の頭と中で直後に母音がくる [h]

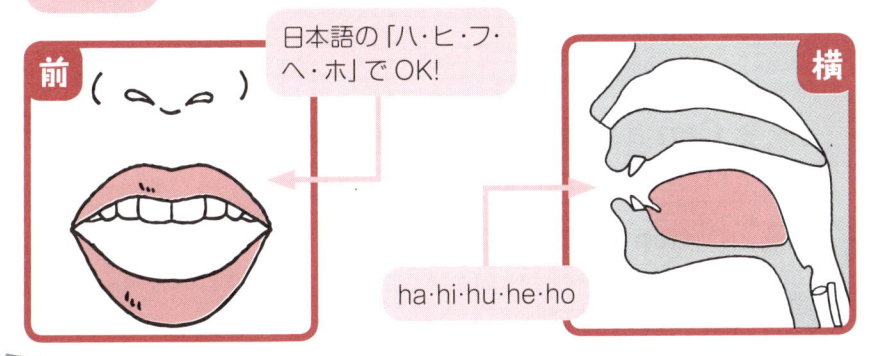

日本語の「ハ・ヒ・フ・ヘ・ホ」でOK!

ha・hi・hu・he・ho

CHECK! この音のつづり字は**h**です。なお、この音は、**音節や単語の終わりにくることはありません**。

英語の音トレ 単語で [h] 音トレーニング！

単語の頭と中にあって、直後に母音が来る [h] を含む英単語の音声を聴き、発音練習してみましょう。

1	**h**andsome	[hǽnsəm]	顔立ちが良い；きりっとした
2	**h**it	[hít]	打つ；たたく；衝突する
3	ya**h**oo	[jɑ́hu:]	ヤフー；わーい；田舎者
4	**h**ell	[hél]	地獄；修羅場
5	**h**opeful	[hóupfəl]	希望に満ちた
6	per**h**aps	[pərhǽps]	多分；おそらく；ことによると

英語の音トレ 単語 ▶ 文 トレーニング

Let's Try！ 　CD 2-46

無音声の子音を含む単語と文を CD で聴いて、後に続いて言ってみましょう。

1 単語
- pink [píŋk] ピンクの
- sign [sáin] 表れ；こん跡
- parrot [pǽrət] オウム
- peace [píːs] 平和

文 **Can a pink parrot be a sign of peace?**
（ピンクのオウムって平和の象徴になれる？） 目標タイム：2.5 秒

2 単語
- stop [stáp] 止める
- what [hwət] 何；どのくらい
- help [hélp] 助ける

文 **Stop what you're doing and help me finish this.**
（今やってることをストップして、私がこれを終わらせるの手伝って） 目標タイム：2.5 秒

3 単語
- keep [kíːp] 保つ
- quarter [kwɔ́ːrtər] 四分の一
- chicken [tʃíkən] ニワトリ

文 **I always keep at least a quarter pound of chicken in the freezer.**
（私はいつも冷凍庫に少なくとも四分の一ポンドのチキンを保存している） 目標タイム：3.5 秒

4 単語
- took [túk] take（取る）の過去形
- his [hiz] 彼の
- back-pack [bǽk pǽk] バックパック

文 **He took his back-pack off and opened it.**
（彼はリュックをおろして開いた） 目標タイム：3 秒

168

★ CHAPTER 10

5 【単語】 □ **w**ant [wánt] ほしい
□ **ar**tist [áːrtist] 芸術家
□ **car**toonist [kɑːrtúːnist] 漫画家

【文】 **I want to be an artist or a cartoonist.**
(私は絵描き（芸術家）か漫画家になりたい) 【目標タイム：3秒】

6 【単語】 □ **clien**ts [kláiənts] client (顧客) の複数形
□ **al**ways [ɔ́ːlweiz] いつも；ずっと
□ **sh**otgun [ʃɑ́tgʌ̀n] ショットガン

【文】 **My clients always ride shotgun.**
(私のお得意さんたちはいつも助手席に座る) 【目標タイム：2.5秒】

《ポイント！》馬車の時代、ショットガンを持った人が護衛の為に助手席に乗っていたことからこのように言われます。

7 【単語】 □ **se**same [sésəmi] ゴマ
□ **sa**lad [sǽləd] サラダ
□ **dre**ssing [drésiŋ] ドレッシング

【文】 **Sesame salad dressing is my new favorite.**
(ゴマ風味のサラダドレッシングは私の新しいお気に入り) 【目標タイム：3秒】

8 【単語】 □ **nie**ce [níːs] 姪
□ **su**spense [səspéns] 気がかり

【文】 **My dear niece, don't leave me in suspense.**
(愛しき姪っ子よ、私に気をもませないで) 【目標タイム：3秒】

9 【単語】
- delicious [dilíːʃəs] おいしい
- compliments [kɑmpləmənts] (丁重な) あいさつ
- chef [ʃéf] シェフ

【文】 **This is delicious. Please give my compliments to the chef.** 目標タイム：3.5秒
（これはおいしい。シェフによろしくお伝えください）

10 【単語】
- fresh [fréʃ] 新鮮な
- mushrooms [mʌ́ʃruːmz] mushroom（キノコ）の複数形
- hard [hɑːrd] 困難な；つらい
- comeby [kʌ́mbái] 偶然手に入れる

【文】 **Fresh mushrooms are hard to comeby these days.** 目標タイム：3秒
（最近は新鮮なマッシュルームにはなかなかお目にかかれない）

11 【単語】
- ketchup [kétʃəp] ケチャップ
- cheese [tʃíːz] チーズ
- just [dʒʌ́st] ちょうど
- mix [míks] 混ぜる

【文】 **For me, ketchup and cheese just don't mix.** 目標タイム：3秒
（私にとっては、ケチャップとチーズは相性が悪い）

12 【単語】
- had [kǽd] have（持つ）の過去・過去分詞形
- one hell of [wʌ́n hél əv] 最高の
- holiday [hálədèi] 休日

【文】 **I had one hell of a holiday.** 目標タイム：2秒
（最高の休日だった）

13 【単語】
- seen [síːn] see の過去分詞形
- swan [swʌ́n] ハクチョウ
- winter [wíntər] 冬
- once [wʌ́ns] 一度

【文】 **I have seen swans in winter once.** 目標タイム：2秒
（私は冬に一度白鳥を見たことがある）

CHAPTER 11
英語の音トレ！
総合版

CHAPTER 1～10 で学んだことを使って、実践的で総合的なトレーニングにチャレンジしましょう！　ネイティブが良く使う会話フレーズによる発音練習や、早口言葉や詩を使ったトレーニングなどに、楽しみながら何度も取り組んでみてください。

英語の音トレ！　会話フレーズでトレーニング･･･ 172
英語の音トレ！　早口言葉＆ライムで
　　　　　　　　トレーニング･･････････････ 181

英語の音トレ　会話フレーズでトレーニング

　ここからは、実際の会話シーンでよく使われる、便利な会話フレーズを使って発音練習をしましょう。海外旅行などの際に**とても役に立つ英会話フレーズが正しい発音で身に付く**という、一石二鳥なトレーニング。CD を聴いて何度も口に出して言ってみてください。英文の中にある「最重要子音（CHAPTER 2～5）」は、赤文字にしてあります。

　「目標タイム」を目安にして、実際の会話シーンを想像しながら発話トレーニングをしましょう。

Let's Try！　　　　　　　　　　　　　CD 2-47

1　Thank YOU.
　　[θǽŋk]　　[júː]
訳 こちらこそありがとう。　　　　　　目標タイム：1.5 秒

> ありがとうと言われた相手に、**こちらこそお礼を言うべきです**という気持ちを表すときに使うといい表現。**YOU の部分を強調する感じで言うのがコツです。**

2　Thank you always.
　　[θǽŋk]　[ju]　[ɔ́ːlweiz]
訳 いつもありがとう。

Thank you for everything.
　　[θǽŋk]　[ju]　[fɔ́ːr]　[évriθiŋ]
訳 色々とありがとう。　　　　　　　目標タイム：1.5 秒／2 秒

> **お礼表現のバリエーション**です。everything という単語には最重要子音が 3 つも含まれています。CD をよく聴いて、真似をして言ってみましょう。

★ CHAPTER 11

3 **Thanks anyway.**
[θǽŋks]　　　[éniwèi]

訳 でもありがとう。　　　　　　　　　目標タイム：1.5 秒

> 結果や成果は出なくても、やってくれたという行為に対してお礼を言うときの表現です。

4 **Thanks for nothing.**
[θǽŋks]　[fɔ́ːr]　[nʌ́θiŋ]

訳 よけいなことをしてくれて。　　　　　目標タイム：1.5 秒

> (thanksという単語は含まれていますが、お礼の気持ちではなく) お節介で役立たずな人や結果迷惑なだけの人などに対して使う表現です。

5 **What's the matter with you?**
[hwɑts]　[ðə]　[mǽtər]　[wəð]　[ju]

What's got into you?
[hwɑts]　[gɑ́t]　[íntə]　[ju]

訳 君いったいどうしたの？　　　　　目標タイム：1.5 秒／1.5 秒

> 普段とは異なる言動に驚く感じで言うときの表現。困惑感とともに言うとさらに効果がアップします。

6 **Give me a hand with this.**
[gív]　[mi]　[ə]　[hǽnd]　[wəð]　[ðís]

Help me with this.
[hélp]　[mi]　[wəð]　[ðís]

訳 これ手伝って。　　　　　　　　目標タイム：1.5 秒／1.5 秒

> give me a hand で「私に**手を貸して**」、help me で「私を**助けて** [＝**手伝って**]」という意味です。

173

7 Could you pass me the salt, please?
[kúd]　[ju]　[pǽs]　[mi]　[ðə]　[sɔ́:lt]　[plí:z]

訳 塩を取っていただけますか？　　目標タイム：2秒

> テーブルやカウンター席で、**同席している人に何かを取ってもらいたいときの表現**です。salt のところはたとえば sugar（砂糖）や salad（サラダ）など、いろいろなものに置き換えて使うことが出来ます。

8 (We'd like) Separate checks, please.
[wí:d]　[láik]　[sépəreit]　[tʃéks]　[plí:z]

訳 別会計でお願いします。　　目標タイム：2秒／1.5秒

> レストランで複数人数で食事をしていて、「**各々別々の会計にしてもらいたい**」と言うときの表現。だれか1人が代表して言うといいですね。

9 We'd like to split.
[wí:d]　[láik]　[tə]　[split]

We'll split.
[wil]　[split]

訳 わたしたちこれ分けます。　　目標タイム：1.5秒／1秒

> **料理の量が多すぎて1人で食べきれない**と判断したとき、**連れと分けたいと告げる**表現。大抵のレストランはこのような要求には快く応じてくれるはずです。

10 Another one of these, please?
[ənʌ́ðər]　[wán]　[əv]　[ðí:z]　[plí:z]

訳 これもう1杯お願いします。　　目標タイム：2秒

> レストランやバーで、**今飲んでいるものと同じ物をもう1杯頼むときの表現**。飲み物の入っていた瓶や缶、またはグラスを掲げながら言うといいです。

★ CHAPTER 11

11 It has your name on it.
[it] [həz] [jər] [néim] [ən] [it]

It's got your name on it.
[íts] [gát] [jər] [néim] [ən] [ít]

訳 君どうぞ。

目標タイム：2秒／2秒

大皿をみんなでつついていて、**最後に1つだけ残ったときなど**の「最後は君が食べるといい」と言うときの表現です。英語ではこんなときは「**それには君の名前が書いてある**」という言い方になります。

12 I'll buy you dinner.
[áil] [bái] [ju] [dínər]

I got this.
[ái] [gát] [ðís]

訳 僕がおごるよ。

目標タイム：1.5 秒／1.2 秒

誘うときには1つ目のフレーズを、**食べ終えてテーブルを立つタイミングで伝票を手に持ちながら**なら、2つ目のフレーズを使うといいです。dinner のところは luch（昼食）や a drink（何か1杯）などに置き換えても使えます。

13 I'd like to put my name on the stand-by list,
[áid] [láik] [tə] [pút] [mái] [néim] [ən] [ðə] [stǽnd-bái] [líst]

please.
[plí:z]

訳 キャンセル待ちをしたいのですが。

目標タイム：3秒

空港などで予約の**キャンセル待ち**をしたいとき、英語では「**名前をスタンバイリストに書き込む**」と表現します。

175

14 This is my carry-on.
[ðís] [iz] [mái] [kǽri-ɔn]

訳 これはわたしの持ち込み手荷物です。

目標タイム：2秒

> 機内に持ち込む手荷物だということを告げる表現。carry-on bag とも言えます。

15 I'd like a window seat, please.
[áid] [láik] [ə] [wíndou] [síːt] [plíːz]

訳 窓側の席をお願いします。

I'd like an aisle seat, please.
[áid] [láik] [ən] [áil] [síːt] [plíːz]

訳 通路側の席をお願いします。

目標タイム：2秒／2秒

> 席の好みを言う表現です。aisle の s は発音されませんので注意。

16 We'd like seats together.
[wíːd] [láik] [síːts] [təgéðər]

We'd like to sit together.
[wíːd] [láik] [tə] [sít] [təgéðər]

訳 並んだ席をお願いします。

目標タイム：2秒／2秒

> 同行者と並びの席にしてもらいたいとき、英語では「**一緒の席**」か「**一緒に座りたい**」といった言い方になります。

17 I don't see my luggage on the carousel.
[ái] [dóunt] [síː] [mái] [lʌ́gidʒ] [ɔn] [ðə] [kǽrəsél]

I can't find my luggage on the carousel.
[ái] [kǽnt] [fáind] [mái] [lʌ́gidʒ] [ɔn] [ðə] [kǽrəsél]

★ CHAPTER 11

訳 私の荷物が（荷物コンベアで）見あたらないのですが。

目標タイム：2.5秒／2.5秒

（機内預けの荷物が出てくる）**回転式の荷物引き渡しコンベア**のことを英語では **luggage [baggage] carousel**、または単に **carousel** と言います。

18 Here is my confirmation number.
[híər]　[iz]　[mái]　[kànfərméiʃən]　[námbər]

訳 これが私の予約確認番号です。

目標タイム：2.5秒

ネットなどでの**ホテルの予約**には必ずこのような**予約確認のための番号**が発行され、最近の**チェックインはこの番号を告げるだけ**で簡単にできます。

19 There's no hot water.
[ðərz]　[nóu]　[hát]　[wɔ́:tər]

訳 お湯が出ないんですけど。

目標タイム：2秒

20 The toilet won't flush.
[ðə]　[tɔ́ilit]　[wóunt]　[flʌ́ʃ]

訳 トイレが流れないのですが。

目標タイム：2秒

21 Could you send someone right away?
[kúd]　[ju]　[sénd]　[sámwàn]　[ráit]　[əwéi]

Could you send someone to fix it right away?
[kúd]　[ju]　[sénd]　[sámwàn]　[tə]　[fíks]　[ít]　[ráit]　[əwéi]

訳 だれかすぐよこしてもらえますか？

目標タイム：2秒／2.5秒

滞在先のホテルや自宅、または出先などで、**急いでだれかをこちらに派遣してもらいたい**[直しに来てもらいたい]ときなどに使うといい表現。2つ目は何が壊れているかを告げた後、直しに来てもらいたいと言うもので、fix it の it の部分は**直してもらいたい物の名称に置き換えて言う**ことも出来ます。

177

22 This is not me.
[ðís]　[iz]　[nát]　[mi]

This isn't me.
[ðís]　　[iznt]　[mi]

訳 これ私じゃありません。　　**目標タイム：1.5 秒／1.5 秒**

> ホテルのチェックアウトのときなどで、**請求書に自分には関係ない項目が載っていたときに**、「これ私使ってませんけど [飲んでませんけど／食べてませんけど]」などと言うときの表現。**請求項目を指さしながら言うのがコツです。**

23 Can I try this[these] on?
[kǽn] [ái] [trái]　[ðís]　　[ðíːz]　　[ɔn]

I'd like to try this[these] on.
[áid]　[láik]　[tə]　[trái]　[ðís]　　[ðíːz]　　[ɔn]

訳 これ試着させてください。　　**目標タイム：1.5 秒／2 秒**

> 一着のときは this、複数のときや靴など左右ペアで1つとされているもののときは these にして言うといいです。

24 Where is the fitting room?
[hwéər]　[iz]　[ðə]　[fítiŋ]　　[rúːm]

Where is the dressing room?
[hwéər]　[iz]　[ðə]　　[drésiŋ]　　　[rúːm]

訳 試着室はどこですか？　　**目標タイム：2 秒／2 秒**

25 This is too pricy for me.
[ðís]　[iz]　[túː]　[práisi]　[fɔːr]　[mi]

訳 これ私にはちょっと高すぎます。　　**目標タイム：2 秒**

★ CHAPTER 11

㉖ Is this[that] your best price?
[iz]　[ðís]　[ðǽt]　[jɚr]　[bést]　[práis]
訳 もう少し安くなりませんか？
目標タイム：3秒

㉗ My bad.
[mái]　[bǽd]
訳 ゴメン、いっけね。
目標タイム：1.5秒

> ちょっとしたミスを謝るときの表現。あまり深刻にならず言うのがコツです。

㉘ That's not your fault.
[ðǽts]　[nát]　[juɚr]　[fɔ́:lt]
訳 君のせいじゃないよ。
目標タイム：2秒

㉙ Can I ask you a favor?
[kǽn] [ái] [ǽsk]　[ju]　[ə]　[féivɚr]

Will you do me a favor?
[wíl]　　[ju]　[du]　[mi] [ə]　[féivɚr]
訳 頼みがあるんだけど。
目標タイム：2秒／2秒

> 頼みごとが可能かどうかをたずねる表現。本格的に依頼をする**前置き的に使う**のが一般的です。

㉚ Can you move over a little?
[kǽn]　[ju]　[mú:v]　[óuvɚr]　[ə]　[lítl]

Can you move up a little?
[kǽn]　[ju]　[mú:v]　[ʌ́p]　[ə]　[lítl]
訳 少し詰めてもらえませんか？
目標タイム：2秒／2秒

> **横に詰めてもらう**ときは1つ目、**前に詰めてもらう**ときは2つ目のフレーズを使います。

31 Can't win them all.
[kǽnt] [wín] [ðém] [ɔ́:l]

You win a few, lose a few.
[ju] [wín] [ə] [fjú:] [lú:z] [ə] [fjú:]

訳 しょうがないよ。／そんなこともあるよ。

目標タイム：2秒／2秒

> がっかりしている相手を慰め、戒めるときの表現。

---

32 The battery is dead [running low].
[ðə] [bǽtəri] [iz] [déd] [ránŋ] [lóu]

訳 電池がない [切れそう]。

目標タイム：2秒／2秒

---

33 Fingers crossed.
[fíʃgərz] [krɔ́:sd]

訳 うまくいくといいけど。

目標タイム：2秒／2秒

> 人に対しても自分に対しても使える表現。中指を人差し指に重ねるポーズと一緒に言うとさらに効果がアップします。

---

34 Knock on wood.
[nák] [ən] [wúd]

訳 悪いことが起きませんように。

目標タイム：2秒

> 現状が悪化しないように願うときの表現。中指の第二関節でコンコンと平らな面を二度叩きながら言うと効果がアップします。

---

35 Speak of the devil.
[spí:k] [əv] [ðə] [dévəl]

訳 噂をすれば影。

目標タイム：2秒

180

★ CHAPTER 11

英語の音トレ 早口言葉&ライムでトレーニング

　早口言葉 (Tongue Twister) やライム (Rhyme) を使って、発音トレーニングしてみましょう。最初は難しく感じるかもしれませんが、まずはゆっくり、だんだんスピードを上げて、CDを聴いて何度も繰り返しチャレンジしてみてください。**CD**には、「**ゆっくり→速い**」の2種類のスピードで英文が収録されています。

　英語の早口言葉は、似た音同士の単語の羅列と考えるとなかなか上手く言えません。そこで、**単語単位ではなく、文節や文章単位でとらえ、それらの意味を把握する**ようにすると、速く言えるようになります。ぜひ試してみてください。

Let's Try! (CD 2-48)

1 *Which wristwatch is a Swiss wristwatch?*
　　　[hwítʃ]　　　[rístwàtʃ]　　[iz] [ə]　[swís]　　[rístwàtʃ]
　訳 どの腕時計がスイス製の腕時計？　　　目標タイム：2.5秒

2 *Fresh French fried fly fritters.*
　　　[fréʃ]　　[fréntʃ]　　[fráid]　[flái]　[frítərz]
　訳 生意気なフランス人がハエの天ぷらを揚げた。　　目標タイム：3秒

3 *The great Greek grape growers grow*
　　　[ðə]　[gréit]　[gríːk]　　[gréip]　[gróuərz]　[gróu]

　great Greek grapes.
　　[gréit]　[gríːk]　[gréips]
　訳 ギリシャの優秀なブドウ生産者たちは素晴らしいギリシャブドウを栽培している。　　目標タイム：4秒

4 *Bake big batches of bitter brown bread.*
[béik] [bíg] [bǽtʃiz] [əv] [bítər] [bráun] [bréd]
訳 ビール味の黒パンを沢山焼きなさい。　目標タイム：3秒

5 *Four furious friends fought for the phone.*
[fɔ́ːr] [fjúəriəs] [fréndz] [fɔ́ːt] [fɔ́ːr] [ðə] [fóun]
訳 イカれた4人の仲間が電話を取り合った。　目標タイム：3秒

6 *The thirty-three thieves thought that*
[ðə] [θəːrti] [θríː] [θíːvz] [θɔ́ːt] [ðǽt]

they thrilled the throne throughout
[ðéi] [θríld] [ðə] [θróun] [θruːáut]

Thursday.
[θə́ːrzdei]

訳 33人の泥棒達が木曜日1日中ヒヤヒヤしながら縄張り争いに明け暮れたもよう。　目標タイム：3秒

7 *Ann and Andy's anniversary is in April.*
[ǽn] [ənd] [ǽndi] [æ̀nəvə́ːrsəri] [iz] [in] [éiprəl]
訳 アンとアンディの記念日は4月。　目標タイム：3秒

8 *supercalifragilisticexpialidocious*
[sùːpərkæ̀ləfræ̀ʒəlìstikèkspiæ̀lidóuʃəs]
訳 すてきな　目標タイム：2.5秒

☆この言葉は映画『メリーポピンズ』の歌用に創られた言葉で、当時は何の意味も持ちませんでした。しかし最近では短く superCA と形を変え、cool（カッコいい）や awesome（イカした）という意味で使われ始めています。

★ CHAPTER 11

　ここから先は、複数のセンテンスからなる早口言葉とライムです。これまでと同様、CDには遅い→速いの2種類の音声が入っています。遅いほうの音声は、文や節など区切りの良いところにリピート用のポーズがとってありますので、ネイティブの音声に続いて発音練習をしましょう。

9 *If you can't can any candy can,*
[íf] [ju] [kǽnt] [kǽn] [əni] [kǽndi] [kǽn]

how many candy cans can a candy
[háu] [méni] [kǽndi] [kǽnz] [kǽn] [ə] [kǽndi]

canner can
[kǽnər] [kǽn]

if he can can candy cans?
[íf] [hi] [kǽn] [kǽn] [kǽndi] [kǽnz]

訳　もしあなたがキャンディを缶詰にできないなら
　　缶詰屋さんは幾つキャンディの缶詰ができるの
　　もし彼がキャンディ詰めが出来るとして？

目標タイム：8秒

10 *I saw Susie sitting in a shoe shine shop.*
[ái] [sɔ́ː] [súːziː] [sítiŋ] [in] [ə] [ʃúː] [ʃáin] [ʃáp]

Where she sits she shines,
[hwéər] [ʃi] [síts] [ʃi] [ʃáinz]

and where she shines she sits.
[ənd] [hwéər] [ʃi] [ʃáinz] [ʃi] [síts]

訳　私はスージーを靴磨き屋で見かけた
　　彼女が座ってるところで彼女は磨き
　　彼女の磨くところに彼女は座る。

目標タイム：7秒

183

11 "I scream, you scream"

I scream, you scream,
[ái]　[skríːm]　[ju]　[skríːm]

We all scream for ice cream!
[wi]　[ɔ́ːl]　[skríːm]　[fɔ́ːr]　[áis]　[kríːm]

訳 私が叫ぶ、あなたも叫ぶ
　　みんなが叫ぶアイスクリームが欲しいって！

目標タイム：3.5 秒

12 "She sells sea shells"

She sells sea shells on the sea shore;
[ʃi]　[sélz]　[síː]　[ʃélz]　[ən]　[ðə]　[síː]　[ʃɔ́ːr]

The shells that she sells are sea shells
[ðə]　[ʃélz]　[ðǽt]　[ʃi]　[sélz]　[áːr]　[síː]　[ʃélz]

I'm sure.
[áim]　[ʃúər]

So if she sells sea shells on the sea shore,
[sóu]　[if]　[ʃi]　[sélz]　[síː]　[ʃélz]　[ən]　[ðə]　[síː]　[ʃɔ́ːr]

I'm sure that the shells are sea shore
[áim]　[ʃúər]　[ðǽt]　[ðə]　[ʃélz]　[áːr]　[síː]　[ʃɔ́ːr]

shells.
[ʃélz]

訳 彼女は海岸で海の貝殻を売る
　　彼女が売る貝殻は間違いなく海の貝殻。
　　だからもし彼女が海岸で海の貝殻を売るなら
　　それは間違いなく海岸にある海の貝殻。

目標タイム：12 秒

★ CHAPTER 11

⓭ "An apple a day"

An apple a day
[ən] [ǽpl] [ə] [déi]

Sends the doctor away
[séndz] [ðə] [dáktər] [əwéi]

Apple in the morning
[ǽpl] [in] [ðə] [mɔ́:rniŋ]

Doctor's warning
[dáktərz] [wɔ́:rniŋ]

Roast apple at night
[róust] [ǽpl] [æt] [náit]

Starves the doctor outright
[stá:rvs] [ðə] [dáktər] [áutràit]

Eat an apple going to bed
[í:t] [ən] [ǽpl] [góuiŋ] [tə] [béd]

Knock the doctor on the head
[nák] [ðə] [dáktər] [ɔn] [ðə] [héd]

訳 一日に一個リンゴを食べれば医者いらず
朝のリンゴは
医者の薦め
夜の焼きリンゴで
医者の商売上がったり
寝る前のリンゴで
医者はもうノックアウト…状態

目標タイム：11秒

14 "Pat-a-cake, pat-a-cake"

Pat-a-cake, pat-a-cake, baker's man,
[pǽtəkèik]　　[pǽtəkèik]　　[béikərz]　[mǽn]

Bake me a cake as fast as you can;
[béik] [miː] [ə] [kéik] [əz] [fǽst] [əz] [ju] [kǽn]

Pat it and prick it, and mark it with B,
[pǽt] [ít] [ənd] [prík] [ít] [ənd] [máːrk] [ít] [wíð] [bíː]

Put it in the oven for baby and me.
[pút] [ít] [ín] [ði] [ʌvən] [fɔ́ːr] [béibi] [ənd] [míː]

訳　パタケーキパタケーキ、パン屋さん
　　なるだけ急いでケーキを焼いてね
　　こねて、刺して、Bのマークをつけて
　　赤ん坊と私のためにかまどで焼いてね

目標タイム：9秒

15 "Row row row your boat"

Row, row, row your boat
[róu]　　[róu]　　[róu]　[jər]　[bóut]

Gently down the stream.
[dʒéntli]　[dáun]　[ðə]　[stríːm]

Merrily, merrily, merrily, merrily,
[mérəli]　[mérəli]　[mérəli]　[mérəli]

Life is but a dream.
[láif] [iz] [bʌ́t] [ə] [dríːm]

訳　漕いで、漕いであなたの小舟を
　　下流の方へ流れに沿って。
　　陽気に、楽しく、気楽に、のんきに
　　人生なんて所詮夢のごとしだから。

目標タイム：6秒

★ CHAPTER 11

16 "Peter Piper"

Peter Piper picked a peck of pickled
[píːtər]　[páipər]　[píkt]　[ə]　[pék]　[əv]　[píkld]

peppers.
[pépərz]

Did Peter Piper pick a peck of pickled
[díd]　[píːtər]　[páipər]　[pík]　[ə]　[pék]　[əv]　[píkld]

peppers?
[pépərz]

If Peter Piper picked a peck of pickled
[íf]　[píːtər]　[páipər]　[píkt]　[ə]　[pék]　[əv]　[píkld]

peppers,
[pépərz]

where's the peck of pickled peppers
[hwέərz]　[ðə]　[pék]　[əv]　[píkld]　[pépərz]

Peter Piper picked?
[píːtər]　[páipər]　[píkt]

訳 ピーターパイパーが酢漬けの唐辛子を手一杯につかんだ。
　エッ！　ピーターパイパーが手一杯に酢漬けの唐辛子をつかんだの？
　ではもしピーターパイパーが酢漬けの唐辛子を手一杯につかんだのなら、
　ピーターパイパーがつかんだ手一杯の酢漬けの唐辛子はどこにあるの？

目標タイム：12秒

187

17 "Betty Botter"

Betty Botter had some butter,
[béti] [bátər] [həd] [sʌ́m] [bʌ́tər]

"But," she said, "this butter's bitter.
[bʌ́t] [ʃiː] [séd] [ðís] [bʌ́tərz] [bítər]

If I bake this bitter butter,
[íf] [ái] [béik] [ðís] [bítər] [bʌ́tər]

it would make my batter bitter.
[ít] [wúd] [méik] [mái] [bǽtər] [bítər]

But a bit of better butter—
[bʌ́t] [ə] [bít] [əv] [bétər] [bʌ́tər]

that would make my batter better."
[ðǽt] [wúd] [méik] [mái] [bǽtər] [bétər]

So she bought a bit of butter,
[sóu] [ʃiː] [bɔ́ːt] [ə] [bít] [əv] [bʌ́tər]

better than her bitter butter,
[bétər] [ðǽn] [hɔ́ːr] [bítər] [bʌ́tər]

and she baked it in her batter,
[ənd] [ʃiː] [béikd] [ít] [in] [hɔ́ːr] [bǽtər]

and the batter was not bitter.
[ənd] [ðə] [bǽtər] [wʌ́z] [nʌ́t] [bítər]

So 'twas better Betty Botter
[sóu] [twəz] [bétər] [béti] [bátər]

bought a bit of better butter.
[bɔ́ːt] [ə] [bít] [əv] [bétər] [bʌ́tər]

★ CHAPTER 11

1音違いの5つの単語

☐ **batter** [bǽtər] 生地
☐ **butter** [bʌ́tər] バター
☐ **bitter** [bítər] 苦い
☐ **better** [bétər] より良い
☐ **Botter** [bátər] ボッター

これがポイント！

訳 ベティー・ボッターは今あるバターを見て 言った
「このバターには苦みがある。
この苦いバターで焼くと
生地も苦くなる。
でも、もし、もう少しいいバターがあれば
生地も美味しくなる」と。
そこで、彼女は今ある苦いバターより良いバターを少し買って、
それで焼いたら、
苦くない生地ができた。
そこで、ベティー・ボッターは
苦くないいいバターを少し買って、良かったと思った。

目標タイム：24秒

18 "A was an apple-pie"

A was an apple-pie;
[éi] [wáz] [ən] [ǽpl] [pái]

B bit it,
[bíː] [bít] [ít]

C cut it,
[síː] [kʌ́t] [ít]

D dealt it,
[díː] [délt] [ít]

E eat it,
[íː] [íːt] [ít]

F fought for it,
[éf] [fɔ́ːt] [fɔ́ːr] [ít]

G got it,
[dʒíː] [gát] [ít]

H had it,
[éitʃ] [həd] [ít]

I inspected it,
[ái] [inspéktid] [ít]

J jumped for it,
[dʒéi] [dʒʌ́mpd] [fɔ́ːr] [ít]

K kept it,
[kéi] [képt] [ít]

L longed for it,
[él] [lɔ́ːŋd] [fɔ́ːr] [ít]

M mourned for it,
[ém] [mɔ́ːrnd] [fɔ́ːr] [ít]

N nodded at it,
[én] [nádid] [ət] [ít]

O opened it,
[óu] [óupənd] [ít]

★ CHAPTER 11

***P** peeped in it,*
[píː]　[píːpt]　[in]　[ít]

***Q** quartered it,*
[kjúː]　[kwɔ́ːrtərd]　[ít]

***R** ran for it,*
[áːr]　[rǽn]　[fɔ́ːr]　[ít]

***S** stole it,*
[és]　[stóul]　[ít]

***T** took it,*
[tíː]　[túk]　[ít]

***U** upset it,*
[júː]　[ʌ̀psét]　[ít]

***V** viewed it,*
[víː]　[vjúːd]　[ít]

***W** wanted it,*
[dʌ́bljùː]　[wántid]　[ít]

X, Y, Z,** and **ampersand
[éks] [wái] [zíː]　[ənd]　[æmpərsǽnd]

***All** wished **for a** piece **in** hand.*
[ɔ́ːl]　[wíʃt]　[fɔ́ːr] [ə]　[píːs]　[in]　[hǽnd]

訳 A はアップルパイだった。
　　B がかじって
　　C が切って
　　D が分配して
　　E が食べる
　　F がそのために戦い
　　G が手に入れ
　　H は所有し
　　I が検査し
　　J が飛びかかった
　　K が取りおき
　　L が熱望し
　　M がそれを嘆いた
　　N が頷いて
　　O がそれを開いて
　　P がこっそり覗き
　　Q が4等分し
　　R が急いで逃げた
　　S がこっそり盗み
　　T が持って行った
　　U が引っくり返し
　　V が眺めて
　　W が欲しがった
　　XYZ と & はみんな
　　一切れ欲しいと願っていた。

目標タイム：32秒

●著者紹介
関口敏行（Toshiyuki Sekiguchi）
通称"j（ジェイ）"。小学校のころから英語に興味をもち、高校からアメリカンスクールで学ぶ。その後渡米、メーン州立大学経済学部、バークレー音楽大学、ハーバード経済学部に学ぶ。現在は日米両国で音楽活動を続ける一方、「ネイティブによるものを含め、日本で教えている英語はおかしい」という持論のもと、英語についてのコラムを連載するなど「日本人が話して通じる英語」の普及に力を注いでいる。著書には『言いたいことがすぐに見つかる、英会話データバンク』『英語、それを言うならこうでしょう』『超短縮ネット英語1500』『アメリカ発「英語のツボ」速習法』『英語の頭をつくる！ カウント脳体操』などがある。

カバーデザイン	滝デザイン事務所
本文デザイン／DTP	江口うり子（アレピエ）
カバー／本文イラスト	田中 斉
CDナレーション	関口敏行
	水月優希
	Carolyn Miller

ゼロからスタート　英語発音猛特訓

平成23年（2011年）2月10日　初版第1刷発行

著　者	関口敏行
発行人	福田富与
発行所	有限会社　Jリサーチ出版
	〒166-0002　東京都杉並区高円寺北2-29-14-705
	電話 03(6808)8801（代）　FAX 03(5364)5310（代）
	編集部 03(6808)8806
	http://www.jresearch.co.jp
印刷所	㈱シナノ パブリッシング プレス

ISBN978-4-86392-048-4　禁無断転載。なお、乱丁・落丁本はおとりかえいたします。
© Toshiyuki Sekiguchi, All rights reserved.